AF230263

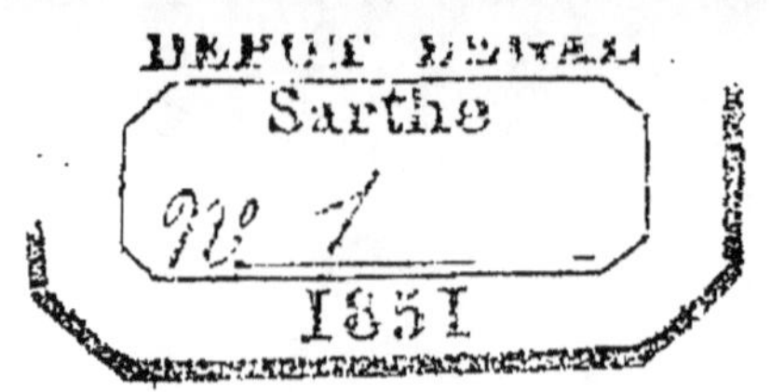

LA RÉPUBLIQUE SOCIALE.

LETTRES A UN ÉLECTEUR

DE LA SARTHE,

Par M. J. Langlais,

REPRÉSENTANT DU PEUPLE.

> « Le socialisme n'est plus chez ceux
> qu'il subjugue qu'un nouveau préjugé
> à détruire, et chez ceux qui le pro-
> pagent, qu'un charlatanisme à dé-
> masquer. »　　　　　(PROUDHON.)

DEUXIÈME ÉDITION.

SABLÉ.

IMPRIMERIE, LIBRAIRIE ET RELIURE DE CHOISNET FRÈRES.

1850.

PREMIÈRE LETTRE.

De la Guerre contre la Société.

(Saint-Denis-d'Anjou, octobre 1850).

J'ai reçu vos lettres, mon cher ***, les unes à Paris; la dernière ici, dans ce bourg charmant que vous connaissez; au bord de notre Sarthe, pour moi si bienveillante, à deux pas de l'Anjou. Toutes me parlent de vos regrets, de vos craintes. Quel est l'homme aujourd'hui que ne tourmente l'avenir? La République dure depuis deux ans. Elle gouverne sans résistance, comme elle a triomphé sans combat. L'œuvre de la Constitution, qui agita tant la France, il y a un demi siècle, n'a guère, cette fois, passionné que la tribune. Le pays a cherché et trouvé des gages de sécurité et d'ordre, en acclamant le neveu de l'Empereur. Deux batailles ont été perdues à Paris par le Jacobinisme. La sagesse de l'opinion monarchique a égalé la dignité de l'exil. La même prudence a prévalu en Europe; et au-dedans, comme du dehors, nul acte de violence n'est venu troubler la République, dans son essai d'établissement.

Dieu nous prodigue ses dons. Rarement nous avons vu nos champs couverts de plus riches moissons. Cependant, vous le remarquez avec raison, tout languit et souffre dans ce pays; l'agriculture s'appauvrit, au sein de l'abondance; la propriété est inquiète; le travail national paralysé; partout est le doute, le malaise, le désenchantement. Vous me demandez, mon ami, quelles sont les causes de ce mal; et comment la paix sociale pourrait être rétablie.

Les causes du mal sont diverses et nombreuses. Il y en a qui tiennent à l'ordre moral; d'autres à l'ordre politique. La France souffre d'une Constitution vicieuse : d'un pouvoir sans durée, d'une assemblée unique; d'une tribune permanente, qui excite et perpétue l'agitation; d'élections incessantes; d'un gouvernement, en un mot, où le despotisme est au sommet, et à la base l'anarchie.

Le pays, dans la toute-puissance de sa souveraineté, saura bien trouver le remède, si le mal que je signale est vrai. La Constitution elle-même ouvre une issue prochaine aux solutions régulières. Inutile donc d'insister. Mais il est au rétablissement de la paix sociale un obstacle d'un autre ordre, sur lequel je veux aujourd'hui concentrer toute ma pensée. C'est l'existence, au sein de notre pays, d'un parti qui aspire et travaille à la ruine de la société même. Ce parti a reçu deux noms. Dans la langue des hommes politiques, on l'appelle le parti *communiste, socialiste.* Le peuple, avec son bon sens, va plus droit au but. Il l'a nommé le parti des *rouges*, le parti des *partageux*, c'est-à-dire le parti de la violence et de l'expropriation.

La République sociale mérite-t-elle d'être jugée avec cette sévérité? De grands efforts ont été faits, depuis un an, pour voiler le but vers lequel elle marche. L'apaisement de la rue, dû à l'énergie du gouvernement et de l'armée; le langage plus contenu de la tribune et des journaux, conquête de la majorité et du jury, semblent être un gage de sa modération. On a du repos un besoin si pressant, qu'on oublie volontiers qu'hier encore la République sociale assemblait ses conseils de guerre, pour délibérer si elle livrerait bataille à la société; et qu'on incline à accepter, comme une paix durable, ce qui est à peine une trève. L'alliance récente, entre le socialisme et l'ancien parti républicain, aide encore à l'illusion. Tout concourt ainsi à endormir le pays dans une sécurité trompeuse. Robespierre a dit le mot de cette situation : « Les » conspirateurs ne seraient pas des conspirateurs, » s'ils n'avaient l'art de dissimuler assez habilement

» pour usurper, pendant quelque temps, la confiance
» des gens de bien. »

Laissons de côté ces protestations de paix ; et allons
au fond des choses. Pendant long-temps, la République sociale a parlé sans contrainte, dans les clubs, dans
la presse, à la tribune. Quelques-uns de ses chefs
ont eu le gouvernement. Une propagande active se
fait aujourd'hui en son nom. Les campagnes sont
inondées de ses écrits ; elle a des milliers d'agents, qui
sillonnent le territoire, obéissant à une consigne mys-
térieuse. Examinons quel a été, et quel est encore son
enseignement.

J'ai vu le socialisme à l'œuvre, une heure à peine
après la chute de la royauté. Les hommes d'état
l'avaient oublié comme une utopie, traité ses chefs
comme des rêveurs inoffensifs. Un jour sinistre se faisait tout-à-coup sur ces périls inaperçus. Le socialisme n'était plus une École de réformateurs paisibles,
parlant aux imaginations, et ne prétendant point à agiter
le monde. C'était un parti plein d'audace qui, au milieu
de cette capitale sans armée et sans lois ; en face de
cette bourgeoisie stupéfaite, qui regardait faire la révolution, se levait pour s'emparer de la société. Et, en
même temps, qu'il grandissait, je voyais monter et gros-
sir un vaste flot de passions brutales, d'espérances in-
sensées, qui menaçait de tout engloutir ! Plus tard, je
l'ai suivi dans les réunions populaires : j'ai entendu ses

orateurs, lu ses publicistes ; partout et toujours, je l'ai trouvé cherchant un appui dans les mauvaises passions ; parlant d'union, de fraternité, et travaillant à mettre aux prises toutes les classes de la société.

La liste seule des journaux, que la République sociale a publiés après février, serait presque une démonstration. La collection de ces feuilles est entre mes mains, j'y trouve :

Le *Père Duchêne*, l'*Ami du Peuple*, le *Journal de la Canaille*, le *Bohémien de Paris*, le *Journal des Sans-Culottes*, le *Vieux-Cordelier*, le *Républicain Rouge*, le *Bonnet Rouge*, la *Montagne*, le *Spartacus*, l'*Accusateur Public*, l'*Accusateur Révolutionnaire*, le *Tribunal Révolutionnaire*, le *Journal des Jacobins*, les *Boulets Rouges*, la *République Rouge*, le *Robespierre*, le *Pilori*, la *Lanterne*, le *Sanguinaire*, la *Guillotine*, etc., etc.

Parcourez ces feuilles, si le courage ne vous manque ; au spectacle de ces fureurs, il vous semblera que vous avez rétrogradé d'un demi siècle ; et que vous lisez des pages d'Hébert (1).

Les organes de la République sociale n'ont pas tous ces témérités de la violence ; mais leurs attaques contre la société sont-elles moins persévérantes ?

______

(1) On peut lire des extraits de ces journaux dans un petit volume, portant pour titre : *Les Journaux Rouges.*

M. Louis Blanc disait aux ouvriers réunis au Luxembourg : « Etant presque enfant, j'ai dit : cet ordre » social est inique ; j'en jure devant Dieu, devant ma » conscience : si jamais je suis appelé à régler les » conditions de cette société inique, je n'oublierai » pas que j'ai été un des plus malheureux enfants du » peuple, et que la société a pesé sur moi. Et j'ai fait » contre cet ordre social, qui rend malheureux un si » grand nombre de nos frères, le *serment d'Anni-* » *bal....* »

A la même époque, un écrivain que je cite, parce que le socialisme l'honore comme un de ses martyrs, et qu'il a été un des candidats à la représentation de la Sarthe, M. Thoré disait, dans le journal la *Vraie République :* « Nous avons à faire aujourd'hui » une révolution bien plus profonde que celle de 89 ; » une révolution aussi radicale peut-être que celle du » christianisme, dans le monde antique. Nous avons » à retourner, presque en sens inverse, tous les » principes d'une prétendue civilisation, qui opprime » l'immense majorité des hommes (1). »

M. Vidal, qui appartient à l'école socialiste modérée, à celle qui prétend avoir un pied dans le gouvernement, prononçait la même condamnation contre la société : « Que les adorateurs du passé se lamentent

(1) *Vraie République,* du 12 juin 1848.

» comme des Jérémies ; qu'ils exhalent leur douleur
» dans la chambre des représentants, dans les jour-
» naux, dans les livres, sur la place publique et sur
» les chemins. Ce qu'ils ont de mieux à faire, c'est de
» se résigner. Ils peuvent porter le deuil de la vieille
» société qui succombe.... Nous avons à reprendre la
» réforme sociale au point où les hommes de la Con-
» vention l'ont laissée (1). »

Le temps, qui modère les opinions et inspire la
sagesse, n'a point affaibli cette hostilité. Aujourd'hui,
comme il y a deux ans, c'est toujours une révolution
sociale que prédisent et poursuivent les démagogues
de tous les pays, M. Ledru-Rollin, comme M. Mazzini.
« Il nous a été donné, écrivait récemment le premier,
» il nous a été donné une consolation, qui a manqué
» aux glorieux martyrs de notre première révolution.
» Oui, ce qu'ils n'ont pas vu, nos yeux le verront ; ce
» qu'ils n'ont pas vu, c'est un nouveau monde, se
» levant tout entier, au cri de liberté ; ce qu'ils n'ont
» pas vu, c'est le vieux monde qui craque de tous
» côtés, qui s'ouvre (2). » Telle est encore l'espérance
qu'exprime, en prose non moins pompeuse, M. Mazzini, dans la même publication : « Debout ! n'enten-
» dez-vous pas sous la terre un craquement comme
» d'un navire que laboure la tempête ; un bruit sourd,

(1) *Vivre en Travaillant*, 1848.
(2) *Almanach du Peuple*, pour 1850.

» un bruit de ruine, un bruit comme de quelque chose
» qui ronge? C'est la vieille Europe qui s'écroule ! »

Le but est donc certain; et c'est bien la société
même que menace la République sociale. Voulez-vous
maintenant savoir avec quel sang froid, avec quel cy-
nisme, on en prépare la ruine? « Que m'importe, à moi,
» prolétaire, dit M. Proudhon, le repos et la sécurité
» des riches? Je me soucie de l'ordre public, comme
» du salut des propriétaires... J'ai prouvé le droit du
» pauvre, j'ai montré l'usurpation du riche : je de-
» mande justice; l'exécution de l'arrêt ne me regarde
» pas. Si, pour prolonger de quelques années une
» jouissance illégitime, on alléguait qu'il ne suffit pas
» de démontrer l'égalité, qu'il faut encore l'organiser;
» qu'il faut surtout l'établir sans déchirements. Je
» serais en droit de répondre : Le sein de l'opprimé
» passe avant les embarras des ministres. Pour moi,
» j'en ai fait le serment, je serai fidèle à mon œuvre
» de démolition; je ne cesserai de poursuivre la vé-
» rité, à travers les ruines et les décombres. »

M. Proudhon n'est pas le seul qui ait fait ce serment. La République sociale a prodigué les avertisse-
ments, quand elle pouvait parler sans réticences. J'ai
sous les yeux deux journaux, qui furent ses organes
préférés : la *Commune de Paris* et la *Vraie République*. La menace y éclate, sous la prévision de la
défaite. Les vaincus se redressent, et en appellent aux

haines de l'avenir. « Il est certain, disait la *Vraie
» République*, que le parti populaire troublera la
» fausse république, tant qu'on n'instituera pas une
» république sociale. La force matérielle, les prisons,
» et les procès n'y feront rien. Quand même nous
» péririons à la peine, nous qui tenons la tête du peu-
» ple, la procession solennelle et invincible ira tou-
» jours en avant ; et elle passera partout (1). »

Maintenant écoutez la *Commune de Paris* : « Ne
» savez-vous pas que nous avons des mots terribles
» à écrire dans la salle de vos orgies ; des mots, qui
» éclateront, comme un tocsin, sur vos têtes de repus.
» Si ce n'est nous qui devons les prononcer, si nos
» mains sont garottées de chaînes bourgeoises, nos
» bouches baillonnées, d'autres ne surgiront-ils pas
» de cette terre, pour les faire mugir, comme la trom-
» pette de l'ange, sur les débris de votre société,
» hideuse de monstruosités ; des myriades d'athlètes,
» tout prêts à faire un pont de leurs cadavres, à ceux
» qui viendront après eux, pour escalader l'antre de
» Cacus, où, depuis trente ans, vous enfouissez le
» fruit de vos rapines (2)?

Les écrits qu'on vient de lire ont précédé Juin de
quelques jours. Des trois hommes qui les ont signés,

(1) *Vraie République*, du 4 juin 1848.
(2) *Commune de Paris*, du 8 juin 1848.

l'un est en exil ; les deux autres sont les prisonniers de la loi. La société, attaquée par la force, a répondu par la force. Les esprits et les cœurs sont-ils pacifiés? La République sociale a-t-elle cessé d'être menaçante? Sommes-nous tous bien tranquilles sur les destinées de notre pays?

On n'aurait qu'une idée très-incomplète de la guerre sociale, si l'on ne savait sur quelle étendue elle est engagée. Pour moi, je ne connais pas une classe, qu'elle ne menace et n'atteigne ; pas un intérêt, qui puisse rester indifférent à ses progrès ; et, à moins que la société ne s'abandonne elle-même, cette solidarité dans le péril n'est pas le moindre gage de sécurité pour l'avenir. Les attaques à toutes les existences d'une société appellent les résistances collectives, les Ligues du bien public.

C'est avec peine que j'appuie sur cette plaie douloureuse ; mais il faut qu'on la sonde, dans ces temps d'oubli, d'indifférence, où l'air est plein de vertiges. Jamais on ne parla tant d'unité, de fraternité sociale ; et jamais plus d'appels ne furent adressés aux passions qui aigrissent et divisent les hommes. On excite le serviteur contre le maître, l'ouvrier contre le patron, le paysan contre le bourgeois, le pauvre contre le riche, le faible contre le fort, l'ignorant contre le savant, celui qui souffre contre celui qui est heureux. La paix était annoncée ; l'ère des réconciliations universelles allait s'ouvrir ; et c'est un cri de guerre, qui s'élève et se répète, à tous les étages de la société : guerre aux riches et aux bourgeois, au capital et au commerce , aux propriétaires et au clergé ; guerre à la religion, à la famille, à la propriété, à l'autorité, à la justice ; guerre à toutes les classes, à toutes les institutions. La République sociale aurait le droit de dire que je la calomnie, si je ne mettais la preuve à côté de l'allégation. Je me résigne à rappeler quelques-uns de ces blasphèmes, qui vaudront à notre temps le mépris , ou la compassion de la génération suivante.

I.

On aurait pu croire, dans ce temps de progrès, que la richesse trouverait grâce devant la République sociale. La richesse est la fille du travail ; tout a été dit et sur son droit, et sur le rôle qu'elle joue dans l'ordre social. La nature crie que l'homme laborieux doit jouir en paix des biens, fruit de sa conduite, de son intelligence, et les transmettre à ses enfants. Cette loi sociale est souverainement politique et sage, comme tout ce qui est juste et naturel. Le travail a besoin de ces trésors accumulés, comme nos champs ont besoin que Dieu ait suspendu, sur les hauteurs, ces grands bassins, d'où s'échappent les eaux, pour y porter la fraîcheur et l'abondance. Qui anime le travail, si ce n'est le spectacle du travail heureux? D'où naît le mouvement de la société; d'où vient le changement des conditions, si ce n'est encore de la même loi?

L'Europe admire les produits de notre industrie. Nos objets d'art et de luxe tiennent le premier rang, et sont enviés par les gens de goût de toutes les nations. Comment jouirions-nous de ces merveilles, s'il n'y avait eu des riches? Où vont les toiles de nos peintres, les marbres de nos sculpteurs, nos livres, nos tissus soyeux, nos meubles élégants, nos bronzes, tous les chefs-d'œuvre de la fantaisie humaine, si ce n'est dans ces palais, aujourd'hui trop rares, sur lesquels l'envie jette des regards sombres, mais que le travail bénit? Supprimez la richesse, et demain les métiers de Lyon cessent de battre, les manufactures d'Elbeuf se ferment; le travail, le progrès s'arrêtent.

Qui aurait cru que ces vérités pourraient être contestées; que nous reviendrions jamais au temps où Camille Desmoulins défendait les riches, et vantait les élégances d'Athènes? Mais on dirait que la République sociale, pour rappeler un mot connu, ne sait rien que ce qu'elle savait il y a cinquante ans ; elle aspire à changer le monde, et ne parvient qu'à se copier elle-même. La révolution pour elle se traduit par un mot : Abaissement, humiliation des heureux !

J'entendais dire à un orateur de club, lors des dernières élections de Paris : « Nous vaincrons le capital. » Un autre ajoutait : « Plus de voitures, » plus de calèches : elles ne doivent servir qu'aux ma- » lades et aux blessés. Plus d'argenterie ; il faut por- » ter ces vains hochets sur l'autel de la patrie, et » manger avec des fourchettes et des cuillers de bois. »

Les discours de ces orateurs ne faisaient que résumer l'enseignement, donné au peuple, depuis deux ans, par les chefs de la République sociale. N'est-ce pas Georges Sand qui a écrit ces paroles : « Que » craignent-ils les hommes du passé ? Ils craignent » de devenir pauvres à leur tour ; car ils voient bien » que nous ne les laisserons pas jouir en paix d'un » luxe qui nous affame, et d'une sécurité qui nous » expose à mourir de faim. Si c'est là ce que vous » craignez, vous avez quelque sujet de ne pas dor- » mir bien tranquilles... Oui, les hommes du passé » doivent bien s'attendre à payer les frais de la » guerre qu'ils nous ont suscitée (1). »

Qui ne reconnaîtra au passage suivant, extrait de

______

(1) *Vraie République*, 19 avril 1848.

la *Commune de Paris*, cette propagande farouche où le peuple va puiser, depuis février, et les rancunes qui gonflent son cœur, et les rêves qui l'enflamment : « Travaillez, dit-on aux ouvriers, prenez de
» la peine; d'autres viendront après vous, qui fau-
» cheront vos blés et les mettront en lieu sûr; mais
» vous n'en mangerez pas. Travaillez , prenez de la
» peine , douze , quinze et dix-huit heures par jour,
» restez attachés au sol , aux moëllons, que vous
» remuez, comme de viles bêtes; d'autres viendront,
» après vous , se promener paresseusement , sur la
» terre que vous aurez nivelée. Travaillez , prenez de
» la peine ; on a relevé les catégories d'Aristote ; il y
» a deux classes d'hommes, les uns faits pour obéir ;
» les autres faits pour commander (1). »

La République sociale ne parle pas toujours cette langue. Elle a retrouvé celle de l'*Ami du Peuple* et du *Père Duchêne*, pour pénétrer jusqu'aux dernières couches de la société. Quand elle s'adresse là, voici comment elle s'exprime : « Quelle dérision de voir
» tous ces gros ventrus , qui crèvent d'embonpoint !
» Eux, ils sont gras, à pleine peau, frais et rubiconds;
» vous, vous êtes maigres, exténués de fatigues et de
» privations, avec des mains calleuses, des vêtements
» délabrés. Eux, ils boivent tous les jours le Bor-

(2) *Commune de Paris*, du 23 mai 1848.

» deaux, le cognac, prennent le café à tous les repas;
» et vous, vous ne goûtez de vin que tous les douze ou
» quinze jours , et encore quel vin (1) ! » Je demande
grâce pour de telles citations ; mais elles sont une
vive image des temps.

La guerre s'est faite, dans les premiers jours de la
révolution, jusque par des livres , publiés sous l'au-
torisation du gouvernement. Personne n'a oublié le
Manuel Républicain de l'homme et du citoyen. On
y lisait : « Existe-t-il au moins des moyens d'empê-
» cher les riches d'être oisifs , et les pauvres d'être
» mangés par les riches? Oui, il en existe et d'excel-
» lents. Les directeurs de la République trouveront
» ces moyens, aussitôt qu'ils voudront sérieusement
» pratiquer la fraternité. La loi peut imposer toutes
» sortes de conditions à ceux qui ont la terre , et
» même les exproprier, moyennant indemnité , s'ils
» en font un mauvais usage. Quant à ces grands pro-
» priétaires, que vous avez raison de craindre, sachez
» que s'ils payaient à la République un impôt conve-
» nable, et de bonnes journées à leurs travailleurs,
» ils se verraient bientôt obligés, pour la plupart, à
» vendre leurs terres à des citoyens, qui en tireraient
» un meilleur parti qu'eux. On fera des lois pour
» cela, quand on voudra. »

(1) *Le Christ Républicain,* 11 juin 1848.

La bourgeoisie s'offrait nécessairement aux atta-- ques de la République sociale ; car elle a la richesse et elle avait le pouvoir, double tort que ne pardonnent point les novateurs. On ne pouvait plus passionner les masses contre la noblesse, comme il y a soixante ans ; on les dresse contre les classes moyennes. Pour cette lutte, il fallait un prétexte ; on a trouvé l'ex- ploitation de l'homme par l'homme, la tyrannie du capital. Ce n'est pas l'égalité que réclame le nouveau prétendant, c'est la domination. « Le peuple ne s'est » pas contenté, dit un écrivain, de demander des » droits politiques égaux à ceux dont jouissaient les » nobles et les riches ; il a demandé des réformes socia- » les…Vous avez, dit le peuple à la bourgeoisie, détruit » l'ancienne féodalité, et vous avez eu raison. A notre » tour, nous voulons détruire la féodalité moderne. » Nous sommes le Tiers-État du XIXe siècle (1). »

On vient d'entendre le publiciste ; qu'on écoute maintenant le pamphlet, à l'adresse de la multitude : « Travailleurs égoïstes, race des parvenus à la pro- » priété, fasse le ciel que demain je ne répète pas » avec Robespierre : Les dangers intérieurs viennent » des bourgeois : pour triompher des bourgeois, il » faut rallier le peuple (2). »

(1) Vidal : *Vivre en Travaillant.*
(2) *Le Vieux Cordelier*, drapeau du peuple.

Les bornes de cette lettre se refusent au tableau complet de la guerre poursuivie contre la classe moyenne. On peut juger de sa violence par une citation, extraite d'un de ces petits livres que publie la République sociale, pour l'enseignement du peuple. L'article a pour titre : *La Matière et la Bourgeoisie.* On y lit : « Aux castes anciennes, en a succédé une » nouvelle, appelée bourgeoisie. C'est elle qui par- » tout règne. Qui a planté cet arbre, à l'ombre si » néfaste ? Quelle est, en un mot, la raison d'être de » cette nouvelle aristocratie ? Phénomène étrange ! » seule, entre toutes, elle n'est qu'en vertu de ce que » l'homme, par la volonté du Créateur, foule dédai- » gneusement sous ses pas. Cette aristocratie est fille » de la matière.....

» Engendrée ainsi par un principe inférieur de la » vie, la bourgeoisie a dû reproduire partout la honte » de son origine. Pourtant cette race, aux instincts » judaïques, est jalouse du pouvoir, comme un » tigre.....

» La caste bourgeoise, en même temps qu'elle est » un non-sens qui répugne, est incapable par son » essence, de concevoir un idéal élevé. Prise dans » son ensemble, elle est comme un champ de pierres, » où nul végétal vivant ne saurait pousser..... Con- » centrant en elle les vices mortels d'un matérialisme » effréné, cette race se précipite, par une pente

» rapide, vers un complet abâtardissement ; attendez
» un peu, et ces grands pourfendeurs de la matière
» y resteront enfoncés, comme les vers dans la
» boue (1). »

La République sociale n'épargne pas plus les commerçants et les marchands, que les riches et les bourgeois. Parcourez les écrits des disciples de Charles
Fourier, et vous lirez, à chaque page, le commentaire
de ces paroles du maître : « Le corps des négociants
» n'est, dans l'ordre social, qu'une troupe de pirates
» coalisés; qu'une nuée de vautours, qui dévorent
» l'industrie agricole et manufacturière, et asservis-
» sent en tous sens le corps social (2). »

M. Proudhon parle comme le Fouriérisme : « Le
» commerçant est convaincu que la logique est l'art
» de prouver à volonté le vrai et le faux. C'est lui
» qui a inventé la vénalité politique, le trafic des con-
» sciences, la prostitution des talents, la corruption
» de la presse. Il sait trouver des arguments et des
» avocats pour tous les mensonges, toutes les ini-
» quités. Sans respect pour ses opinions avouées,
» qu'il quitte et reprend tour à tour; poursuivant
» aigrement chez les autres les infidélités dont il se
» rend coupable, il ment dans ses réclamations, il

(1) *Almanach du Peuple*, pour 1850.
(2) *Théorie des quatre Mouvements*, page 228.

» ment dans ses renseignements, il ment dans ses
» inventaires..... Le commerce n'est qu'une gigan-
» tesque et permanente conspiration de monopoleurs,
» tour à tour concurrents ou coalisés..... Le commis-
» sionnaire, c'est-à-dire le commerçant, c'est-à-dire
» l'homme, est joueur, calomniateur, charlatan,
» vénal, voleur, faussaire (1)..... »

La logique révolutionnaire tire nettement la conclusion : « Il s'agit aujourd'hui d'attaquer, avec la
» cognée, l'arbre de la tyrannie, l'arbre de l'exploi-
» tation de l'homme par l'homme. L'exploitation de
» l'homme par l'homme a ses racines dans la bou-
» tique du marchand. Ces racines se sont multipliées à
» l'infini. Le tronc, soutenu par ces racines, c'est la
» banque usuraire, qui se nourrit des marchands,
» comme les marchands se nourrissent de la sueur
» des travailleurs.... Il faut désormais empêcher Caïn
» de tuer son frère (2) ».

Les campagnes ont partagé avec les riches, les
marchands, et les bourgeois, les injures du socialisme.
L'homme des champs, à qui Dieu parle constamment
par toutes les voix de la création ; qui porte le poids
du jour ; sobre, patient, résigné, ne semblait propre
à aucun rôle, dans les scènes agitées de la démagogie.

(1) *Système des Contradictions économiques*, tom. 1, page 161.
(2) *Salut social*, du 10 juin 1848.

Aussi se vengeait-elle, par les dédains jetés au paysan, des adulations de commande prodiguées à l'ouvrier.
« Le paysan, disait M. Pierre Leroux, ne cultive cette
» terre chérie que pour échapper à la misère; et il n'a
» en ce moment nulle idée, nul sentiment patrioti-
» que..... Le paysan, dans son état actuel, est servile
» sans efforts, avide sans passion, égoïste et défiant;
» et son patriotisme ne va pas même jusqu'à·désirer
» la prospérité de sa commune (1). »

M. Cabet trouvait nos paysans *aussi brutes que leurs bestiaux* (2).

M. Vidal ajoutait : « Je reconnais qu'aujourd'hui
» il n'y a rien à attendre de la génération présente de
» nos paysans. Race ignorante, égoïste, âpre au gain
» et impitoyable au malheur, obstinée dans ses pré-
» jugés, rébelle à toutes les innovations, même à
» celles qui ont pour objet l'amélioration de son sort,
» elle n'a d'affection que pour son champ et pour ses
» écus; elle tient à son bétail plus qu'à sa famille;
» elle porte plus sincèrement et plus long-temps, au
» fond du cœur, le deuil d'un bœuf mort, que le deuil
» de son vieux père.

» Ceux qui se font les plats courtisans du peuple
» des campagnes, qui en exaltent les fausses vertus,

---

(1) *Revue Sociale*, juillet 1846.
(2) *Voyage en Icarie*, page 152.

» ne connaissent pas le paysan... qui n'a de la créa-
» ture humaine que la forme extérieure et le langage.
» C'est généralement un être stupide et grossier,
» auquel on ne peut s'intéresser que par amour de
» l'humanité (1). »

Le scrutin a été une leçon pour la démagogie. Elle
y a vu marcher cette armée du Travail, sourde aux
provocations, méprisant la menace, dédaigneuse de
l'injure, calme comme la Réserve de la société. Le
langage a changé avec la fortune. Les campagnes,
qu'on vient de voir si abaissées, se relèvent; et les
flatteries à l'adresse de l'ouvrier, pâlissent aujour-
d'hui devant les hymnes au paysan !

II.

La société est aujourd'hui une place assiégée. La
République sociale travaille à la détruire; tel est son
but, et elle l'avoue. De là cette guerre, que je viens de
montrer par un de ses côtés saisissants. Mais il y a
dans la société autre chose que des personnes et des
classes; il y a les institutions, sur lesquelles elle
repose : la religion, la famille, la propriété. Tant que
ces institutions restent debout, on peut bien se dire
maître du gouvernement; on a fait une révolution

(1) *Vivre en travaillant !* page 165.

politique ; mais on n'a pas fait une révolution sociale, on ne possède point la société. La République sociale est donc condamnée à livrer aux institutions, la même guerre qu'aux personnes et aux classes. C'est la conséquence logique, fatale, du rôle qu'elle s'est attribué. Un peu de réflexion suffit pour s'en convaincre.

La République sociale attaque d'abord la propriété. Comment pourrait-elle la respecter ? La société dit, avec la justice et la raison : unité de lois pour tous, égalité de droits pour tous ; mais diversité, inégalité de fait, dans la répartition des biens. La République sociale répond : la même somme de biens appartient à tous ; égalité dans le droit, égalité dans le fait. Mais la France ne ressemble pas à cette solitude de la Campanie, que Plotin sollicitait de l'empereur Galien, pour y tenter l'essai d'une société de philosophes. La France est une vieille nation , pleine de sève et d'enthousiasme. Toutes les familles, toutes les propriétés, tous les travaux y sont régis par les mêmes lois ; jouissent des mêmes droits. C'est la grande nouveauté de la civilisation, la conquête des temps modernes. Là s'arrête, et devait s'arrêter l'égalité. Dans cette société sans priviléges, il y a des propriétaires et des hommes qui ne le sont pas ; et dans la propriété, il y a la grande, la moyenne, la petite, que la propriété s'appelle terre, salaire, ou capital. Parcourez-la, à tous ses degrés ; et partout vous

retrouverez cette diversité, cette inégalité. Elle est
dans la nature des choses, et se reproduit à tous les
aspects de l'activité humaine : dans les professions
libérales, comme dans les arts et les travaux manuels.
Voilà l'obstacle qui se dresse immédiatement devant
la République sociale. Elle proclame que tous ont
même droit à la répartition de la terre, du capital;
et terre et capital n'appartiennent déjà plus au do-
maine public. Cet obstacle s'appelle la propriété; il
faut donc attaquer, détruire la propriété. La démagogie, épouvantée du scandale qu'elle a causé, a
beau protester qu'on la calomnie; je crois à la logique,
plus qu'à sa sincérité, plus qu'à sa conversion; et la
logique la condamne à être l'ennemie de la propriété.

Comment cette guerre est-elle conduite? Il ne faut
pas s'attendre à un grand accord, entre tous ces novateurs, qui marchent à l'assaut de la société. L'erreur divise. La République sociale compte, parmi ses
chefs, des esprits résolus, qui traduisent leur pensée
par le mot propre; qui posent hardiment un principe,
et ne reculent point devant sa conséquence, à quelque
énormité qu'elle aboutisse. M. Proudhon est un de ces
esprits fermes, et de tous les socialistes celui qui
cache le moins sa pensée. M. Proudhon n'a jamais
dissimulé ses haines contre la propriété. Il les a for-
mulées dans cet axiome : *La propriété, c'est le vol!*
et il ajoute : « Il ne se dit pas, en mille ans, deux
» mots comme celui-là. Je n'ai d'autre bien sur la

» terre que cette définition de la propriété ; mais je la
» tiens plus précieuse que les millions des Rothschil,
» et j'ose dire qu'elle sera l'événement le plus con-
» sidérable du règne de Louis-Philippe (1). »

Les communistes, comme M. Cabet, et à plus forte
raison ceux qui l'accusent de modération, parlent avec
la même franchise. La société est atteinte, selon
l'auteur d'Icarie, de trois vices fondamentaux, qui
sont : la propriété, l'inégalité de fortune, et la monnaie ; de la propriété, qu'il appelle le vice générateur,
découlent tous les autres vices, tous les crimes, tous
les malheurs, qui affligent l'humanité.

Le Saint-Simonisme dit anathème à l'héritage, et
veut que tous les biens retournent au sacré collége,
c'est-à-dire aux chefs de la doctrine.

M. Thoré proclame, dans la *Vraie République*,
que : « Pour établir la vraie propriété, et en faire
» jouir tous les hommes, il faut détruire d'abord la
» propriété fausse et impie, qui confisque, au profit
» de quelques-uns, le patrimoine du genre humain.
» Si quelqu'un a de la terre, il n'y a pas de raison
» pour que tout le monde n'en ait pas (2). »

La *Commune de Paris* trace ce programme de la
République future : « Si la démocratie se fonde parmi
» nous ; si la République n'est pas un vain mot, nous
» verrons disparaître ces improductifs, qui vivent sur

(1) *Système des Contradictions économiques,* tom. 2, page 328.
(2) *Vraie République,* du 30 avril 1848.

» la sève féconde du peuple, comme les chenilles sur
» les organes de l'arbre (1). »

M. Considérant fait réimprimer, pour ses collè-
gues de l'Assemblée Constituante, un livre, où on lit :
« L'espèce humaine est placée sur la terre pour y
» vivre et pour s'y développer; l'espèce est donc
» usufruitière de la surface du globe.... Or, sous
» le régime qui constitue la propriété dans toutes
» les nations civilisées, le fonds commun, sur
» lequel l'espèce toute entière a plein droit d'usufruit,
» a été envahi; il se trouve confisqué par le petit
» nombre, à l'exclusion du grand nombre.... Le régi-
» me actuel de la propriété est donc illégitime, et
» repose sur une fondamentale spoliation (2). »

M. Greppo écrit dans l'*Almanach du Peuple* :
« Nous voulons la propriété, celle qui est honora-
» blement acquise par le travail, et non pas celle
» dont chaque parcelle est baignée des sueurs, du
» sang, et des larmes du prolétaire (3). »

On lit dans la même publication, destinée à l'enseignement du peuple : « Les confiscations extra-
» judiciaires de 92 et de 93, les massacres de sep-
» tembre, les échafauds de la Terreur, toutes ces
» vengeances politiques, *justes contre les anciens*
» *privilégiés*, si l'on ne considère que la justice du

(1) *Commune de Paris*, du 15 mai 1848.
(2) *Théorie du Droit de propriété*, pages 11 et 14.
(3) *Almanach du Peuple*, page 185.

» talion, ont été profondément impolitiques......
» Aujourd'hui, si la démocratie victorieuse exigeait
» encore une nuit du 4 août, il est probable qu'on
» ne commettrait plus les mêmes fautes; et que,
» grâce à une logique plus rigoureuse, on éviterait
» les malheurs et les excès, que la vengeance en-
» traîne toujours après elle. Il suffirait pour cela
» de se rappeler cet axiome économique, confessé
» aujourd'hui par tous les partis : la propriété ne
» peut avoir d'autre source et d'autre fondement
» que le travail (1). »

Tous les chefs de la République sociale n'atta-
quent pas la propriété aussi directement. Pendant
que les uns vont à l'ennemi, enseignes déployées
et au grand jour, d'autres essaient de dérober leur
marche, s'enveloppent de ténèbres, et n'en portent
que des coups plus sûrs. C'est le rôle de toutes ces
Sectes qui, sous le nom d'*association*, d'*impôt progressif*, de *réciprocité*, de *droit au travail*, cachent
le communisme. Leur programme réel est celui de
Buonarotti : « Etablir par les lois un ordre public,
» dans lequel les propriétaires, tout en gardant
» provisoirement leurs biens, n'y trouveraient plus
» ni abondance, ni plaisir, ni considération; où,
» forcés de dépenser la plus grande partie de leurs
» revenus, en frais de culture et en impôts; accablés
» sous le poids de l'impôt progressif; éloignés des

_____

(1) *Almanach du Peuple*, page 185.

» affaires, privés de toute influence; ne formant
» plus dans l'Etat qu'une classe suspecte d'étran-
» gers, ils seraient forcés d'émigrer, en abandon-
» nant leurs biens, ou réduits à sceller de leur propre
» adhésion l'établissement de la communauté uni-
» verselle. »

Croit-on que je calomnie le socialisme? Prenons,
par exemple, l'association, telle qu'il la rêvait au
Luxembourg, dans son épanouissement. L'État fon-
dait des ateliers sociaux; au profit de qui? de quelques-uns. — Avec l'argent de qui? de tout le monde.
— Quel était le résultat final? la ruine des établissements de l'industrie privée. — Comment pouvaient-
ils s'y soustraire? en venant se fondre dans l'atelier
social. — Quelle était l'indemnité des propriétaires?
on les payait avec des rentes discréditées par l'immen-
sité de l'émission. — C'était donc la suppression de
la propriété; la spoliation, décrétée par le pouvoir et
exécutée par la force.

Contestera-t-on aussi que l'impôt progressif ne
soit une véritable main mise sur la propriété? Une loi
qui double et triple la proportion de l'impôt, selon
les revenus, pourrait-elle s'appeler jamais d'un autre
nom que celui de confiscation? Pareillement réduire
arbitrairement toutes les valeurs; supprimer par
decret une partie des loyers, des fermages, des intérêts produits par les capitaux; à l'atelier privé opposer
l'atelier de l'Etat, avilir ici les prix, élever là les

salaires : n'est-ce pas toujours, et sous toutes les formes, l'attaque à la propriété? Supposez qu'un pareil régime s'introduise dans ce pays, le rêve odieux de Buonarotti ne serait pas réalisé? Ne verrait-on pas l'industrie, la propriété, embarrassées par mille entraves, éternellement suspectes, accablées sous le poids de l'impôt, émigrer de cette terre maudite? La République sociale, qu'elle s'appelle communisme ou socialisme, est donc l'ennemie, l'éternelle ennemie de la propriété!

La République sociale professe-t-elle plus de respect pour la religion? Le temps n'est pas bien loin encore, où Georges Sand écrivait : « Si le prêtre jouit
» de sa raison, il ne croit pas à la divinité de Jésus ;
» donc il ment aux hommes. S'il y croit, c'est qu'il
» ne jouit pas sainement de l'exercice de ses facultés
» mentales. C'est un homme d'un autre âge, qui se
» trouve fourvoyé dans le monde actuel. C'est un
» homme qui a oublié de mourir, il y a quelques
» siècles (1). »

L'audace de l'impiété fut-elle jamais poussée plus loin, que dans ce passage de M. Proudhon : « Le pre-
» mier devoir de l'homme intelligent et libre, est de
» chasser incessamment l'idée de Dieu de son esprit
» et de sa conscience ; car Dieu, s'il existe, est essen-
» tiellement hostile à notre nature. Chacun de nos
» progrès est une victoire, dans laquelle nous écrasons

(1) *Vraie République,* du 11 mai 1848.

» la divinité..... De quel droit Dieu me dirait-il : Sois
» saint, parce que je suis saint? Esprit menteur, lui
» répondrai-je, Dieu imbécile, ton règne est fini;
» cherche parmi les bêtes d'autres victimes..... Main-
» tenant te voilà détrôné et brisé. Ton nom, si long-
» temps le dernier mot du savant, la sanction du
» juge, la force du prince, l'espoir du pauvre, le
» refuge du coupable repentant, eh! bien, ce nom
» incommunicable, désormais voué au mépris et à
» l'anathème, sera siflé parmi les hommes; car Dieu,
» c'est sottise et lâchete; Dieu, c'est hypocrisie et
» mensonge; Dieu, c'est tyrannie et misère; Dieu,
» c'est le mal (1). »

La démagogie, ramenée à la prudence, par le sou-
lèvement de la conscience publique, a repris le langage de ses vieilles hypocrisies. On proclamait autrefois Jésus-Christ le premier des sans-culottes; on lui
décerne aujourd'hui le titre de premier des socialistes.
Même temps, même folies, même impiétés. La pensée
vraie de la République sociale est dans ce mot d'un
clubiste, lors des dernières élections de Paris : « Le
» monde est le théâtre d'une lutte entre le socialisme
» et le catéchisme, deux ennemis irréconciliables. »

L'orateur avait raison. Qu'est-ce, en effet, que le
socialisme, dans sa philosophie et dans sa morale, si
ce n'est la négation même de la religion? La religion
réprouve les passions; et le socialisme les réhabilite

______

(1) *Système des Contradictions économiques,* tom. I, page 362.

et les divinise. La religion dit : « Mortifiez-vous! »
le socialisme : « Sanctifiez-vous dans le plaisir! » La
religion veut que l'homme soit résigné dans la souffrance ; et le socialisme nie que la misère soit une loi
de l'humanité. La religion soutient et console, par les
promesses d'une autre vie ; et le socialisme ne voit
rien au-delà de ce monde. La religion parle à l'âme
et l'élève ; le socialisme, dépouillant la vie de son
idéal, s'adresse aux instincts, aux appétits. C'est le
socialisme qui a trouvé ces deux mémorables axio-
mes : « *La supériorité d'intelligence ne constitue pas*
» *plus un droit que la force musculaire;* » et cet
autre : « *A chacun selon ses besoins !* » Beaucoup de
pain et beaucoup de viande, n'est-ce pas l'idéal de la
société selon ses rêves (1)? part égale toutefois, bien
exactement pesée, pas plus forte, pas meilleure que
celle du voisin! Le mot de saint Paul serait justifié ;
c'est le ventre qui régirait le monde : « *Deus venter*
» *est !* »

La République sociale est donc nécessairement l'ennemie de la religion, comme elle est l'ennemie de la
propriété. J'ignore si sa démence irait jusqu'à tenter

(1) Voici notamment ce que Fourier promet à ses adeptes :
« Il y a cinq repas dans l'ordre combiné : la matine à 5 heures, le déjeuner à 8 heures, le dîner à 1 heure, le goûter à 6
heures, et le souper à 9 heures ; il y a en outre deux intermè-
des ou collations, vers les 10 et   heures. Cette multitude
de repas est nécessaire à l'appétit dévorant qu'excitera le
nouvel ordre... L'espèce humaine devra consommer chaque
jour une masse égale au douzième de son poids. — *Théorie des
Quatre-Mouvements,* page 180.

de bannir Dieu de la société, comme le veut M. Proudhon ; mais elle caresse la chimère d'une église nationale, et elle rêve le renversement de la Papauté. C'est l'avenir qu'elle montre au peuple. « On assure, » dit un de ses écrivains, que Pie IX disait naguères » à des familiers indiscrets : Dans six mois, ce sera » peut-être Ledru-Rollin, qui, avec la Montagne, gou- » vernera la France ; et qui sait si le général en chef » ne recevra pas, un beau jour, l'ordre de m'envoyer » au château Saint-Ange? Cela s'est vu. On a vu » aussi des Papes pressentant l'avenir. Dieu veuille » que ce pressentiment se réalise bientôt (1) ! »

Tous les manifestes de la République sociale contiennent aujourd'hui une phrase, en l'honneur de la famille. Les hommages tardifs et imposés n'eurent jamais la puissance d'un désaveu ; et les rétractations, si sincères qu'on les suppose, n'atténuent que faiblement les dangers des fausses doctrines. Les écrits socialistes cheminent dans le monde ; et ils y sèment, avec le mépris du lien conjugal, la révolte contre les plus saintes des lois. Là encore la République sociale n'est que conséquente avec elle-même. Le sensualisme ne peut conclure comme la philosophie ; Epicure comme Cicéron. Ecoutez ses docteurs obéir à la nature, céder aux sollicitations des sens, jouir de tout sans réserve : voilà la vraie sagesse. Cette puissance, que Dieu à mise en nous, de vaincre nos penchants,

(1) *Almanach des Opprimés*, pour 1850, page 42.

de commander à nos désirs; cette lutte de tous les jours, que se livrent, dans l'âme humaine, la raison et le caprice, le devoir et la passion; cette guerre de la vie, qui paie nos efforts par de si purs contentements, tout cela pour eux c'est mensonge, duperie, et préjugé. La liberté est un mot, le mal un mot, le devoir de la contrainte un mot. S'abstenir, se maîtriser est une folie. La vertu est dans la satisfaction. J'entendais, un jour, M. Considérant dire à la tribune de l'Assemblée Constituante : « Les temps de l'obéissance sont passés; les hommes se sentent égaux; ils veulent être libres; *ils ne croient pas, et ils veulent jouir*; voilà l'état des âmes. » — « *Dites l'état des brutes !* » interrompit M. de la Rochejaquelein (1).

Puisque la jouissance devenait la loi suprême, la logique demandait qu'on abolît toute contrainte. Le respect du bien d'autrui est une contrainte, et l'on conclut à la suppression de la propriété. La religion, par ses dogmes, qui s'imposent; par sa morale, qui commande à la conscience; la religion qui glorifie l'abstinence, qui ordonne le sacrifice : la religion est une contrainte; on attaque la religion. Le mariage est un frein, il enchaîne les destinées; il faut détruire le mariage. Les droits de la famille sont un obstacle à ce droit d'usufruit, qui appartient à tous; on abolit l'héritage. C'est ainsi que la République sociale, dégradant l'homme à l'origine, arrive, emportée sur

(1) Séance du 14 avril 1849.

une pente rapide; quelquefois s'étonnant elle-même des ruines qu'elle entasse, jusqu'à la négation de toute société humaine!

Prouver que la République sociale est hostile à la famille, ce serait donc se donner la tâche de prouver la lumière. Les théories sur la femme libre, sur la polygamie, sur la polyandrie, sont connues. La morale ne gagnerait rien à une réimpression. Le communisme et la famille sont deux mots qui se détruisent. Le fumier de la *Théorie des Quatre-Mouvements* ne tente ma plume par aucun attrait. M. Pierre Leroux a prononcé une sentence; elle me suffit :
« Que dirai-je de ce que Fourier appelle le bonheur,
» l'harmonie? Comment raconter les mœurs du pha-
» lanstère? Il n'y a dans le phalanstère ni père, ni
» mère; le mariage y est inconnu, la mobilité en
» honneur; toutes les lois de la nature humaine y
» sont méprisées. On est muet devant un pareil
» délire.....

» Fourier légitime tous les vices, et prétend les
» mettre tous en honneur. Il a érigé les sept péchés
» capitaux en autant de vertus capitales; et récipro-
» quement, il flétrit comme un défaut, et raille
» comme une imbécilité, tout ce que l'humanité a
» honoré comme des vertus.....

» La théorie de Fourier n'est que la reproduction
» du crime de stérilité, procurée par les mêmes dé-
» viations que le feu punit à Sodôme et à Gomorrhe,

» Elle est donc jugée, puisqu'elle se résume en ces
» termes, que Fourier nous a fournis lui-même :
» *Procurer, par tous les moyens possibles, la stéri-*
» *lité des deux tiers des femmes, afin de donner une*
» *limite fixe à la population.*

» Avec une goutte d'eau souvent fétide, on peut
» faire bien des bulles, que les rayons du soleil ne
» dédaignent pas de peindre des couleurs du pris-
» me. Fourier, accomplissant l'œuvre dernière du
» matérialisme, a soufflé un nombre infini de bul-
» les, avec l'amas de matières croupissantes, qu'il
» avait prises pour l'océan de la vie. Son système
» ressemble, par l'entortillement des parties, à ces
» chapelets d'œufs de crapaud, qu'on trouve en été
» dans les marais fangeux (1). »

La guerre aux institutions et aux classes appelait
les protestations contre le progrès. C'était à la fois
une tactique, et une nécessité. La démagogie s'attaque aux bases de la société, aux prétendus vices
de son organisation ; il fallait bien la peindre abjecte, oppressive, et misérable ; courant elle-même
au-devant d'un sauveur ; se réfugiant dans l'utopie,
comme le navire désemparé va chercher un abri,
contre les vents et les orages. Sans cela, la plainte
tournait à la déclamation ; la réforme devenait pué-
rilité.

La critique aura toujours beau jeu, quand elle

(1) *Revue Sociale,* avril 1847.

prendra la société pour thème de ses récrimina-
tions. Partout où est l'homme se trouve la souffrance; il était facile de la faire ressortir, et de s'armer
contre l'ordre social de ses imperfections. La République sociale s'est donné cette tâche; et le monde
retentit de ses anathèmes tumultueux. A lire ce qui
s'écrit, il semble que toute justice, toute moralité,
tout bonheur ait disparu, du milieu de nous. La société
serait une arène, où la rivalité n'aboutirait qu'à l'oppression du faible, la liberté qu'à la misère. Les tableaux ici se rembrunissent; et le roman prête à la
statistique ses fantaisies et ses couleurs. On compte
les industries qui tombent, les spéculations qui avor-
tent; et c'est un grief contre la concurrence. On
dresse l'état des crimes, les tables de la perversité; et
l'on conclut que la société déprave. La vogue était
acquise aux scènes du monde exceptionnel; et la litté-
rature s'y est fourvoyée, à la suite de l'utopie. On a
parcouru les quartiers sombres, pénétré dans les maisons délabrées, inventorié les haillons, et l'on a dit :
Voilà la demeure, voilà le vêtement du peuple!
Alors vient un cri d'accusation contre la société, que
n'émeut pas le spectacle de telles misères, et qui se
montre impuissante à les guérir. Trop souvent, se pla-
cent, en regard du tableau des souffrances du pauvre,
la justification de ses fautes, et l'excuse de ses égare-
ments. Le meurtrier devient intéressant; le galérien
eût étonné le monde par ses vertus; la prostituée

serait un ange, sans les torts de la société. La haine passe du crime à la civilisation. Puis, comme autrefois devant le Christ, s'étendent devant le peuple, à la voix des tentateurs, les horisons éblouissants des mondes chimériques. Là est le soleil, là est la vigne, là est l'or. On dit, avec M. Louis Blanc, à tous ces pauvres, à tous ces faibles : Venez à nous, vous tous qui souffrez dans le travail, et « vous serez non-seulement puissants, vous serez non-seulement riches, vous serez rois (1). »

Ainsi tout est une arme pour la démagogie. Je cherche la paix promise; et partout c'est le recrutement de l'armée de Marius, c'est la guerre sociale. Rompre tous les liens qui rattachent les classes laborieuses aux autres classes de la nation; détruire les influences légitimes; exciter le peuple ici contre les propriétaires, là contre les capitalistes et les bourgeois, ailleurs contre les ministres de la religion; ruiner le pouvoir, qu'il s'appelle Lamartine, Cavaignac, ou Napoléon; attirer à elle la multitude, en la flattant; exploiter les souffrances du travail; dégrader l'homme, calomnier la société : voilà toute l'œuvre du socialisme. C'est une fièvre d'entrailles qu'on donne au pays; comment s'étonnerait-on de ses douleurs et de ses gémissements?

____

(1) Discours de M. Louis Blanc, au Luxembourg.

DEUXIÈME LETTRE.

La Société et la République sociale.

La société française est-elle oppressive, abjecte, et misérable, comme le disent ses détracteurs? Les médecins, qui s'offrent pour la guérir, doivent-ils inspirer confiance? Les remèdes proposés sont-ils acceptables? Voilà trois questions qui se posent d'elles-mêmes; et je réponds : non, la société n'a pas besoin d'une réforme radicale; non, la France ne peut attendre son salut de la République sociale.

Révolution sociale est un mot qui n'a plus de sens, que dans la langue des chimères. La seule qui fut possible est accomplie, depuis soixante ans. La France,

appelée à faire un choix, a pris le progrès, la réalité ;
elle a écarté l'utopie et le rêve. Le socialisme, c'est
le jacobinisme en retard.

L'homme est-il aujourd'hui la victime de la société? Qu'on réponde. Il trouve devant lui une nature
rebelle à vaincre ; c'est la loi de sa destinée et la
cause de sa grandeur. La société arrête-t-elle l'essor
de ses facultés, de sa liberté? Il y a un siècle, l'industrie se composait de monopoles, sommeillant les uns
à côté des autres. Aujourd'hui chacun choisit sa pro-
fession, et l'exerce librement. Les maîtrises et les
jurandes ont disparu. La thèse des vocations détour-
nées, qui passionna l'ancienne génération, s'agiterait
dans le vide ; elle irait rejoindre celle des génies mé-
connus, prise par le public pour ce qu'elle valait,
pour une fantaisie des romanciers.

La société donne à l'homme plus que la liberté ;
elle accroît, elle centuple la puissance de ses facultés.
Comparez le colon de l'Algérie à notre laboureur. Le
premier baigne le sol de sueurs, dispute sa vie
aux marais pestilentiels, et, pour prix de ses premiers efforts, n'obtient qu'une maigre moisson. Le
paysan de la Sarthe déchire, en chantant, le sein
de la terre, y répand le grain ; et, si Dieu lui mesure la pluie et le soleil, bientôt le champ sera devenu une de ces plaines bénies, où se balancent les
tiges et les épis. Pourquoi ce sol ingrat ici, et là
cette abondance? C'est qu'ici fut le désert, et là la so-

ciété ; c'est que dans ces solitudes, le nomade n'a fait que passer, insouciant et vagabond, chassant devant lui ses éternels troupeaux, tandis que sur cette terre féconde, ont vécu des générations de laboureurs. Le jaloux, qui se plaint que le sol soit occupé, préfèrerait-il que le champ fût encore couvert de ronces ?

L'homme, entrant sur la scène du monde, rencontre des rivaux. La société, qui protège sa liberté, reconnaît-elle des inégalités ; opprime-t-elle les uns au profit des autres? Non. C'est la gloire des temps modernes d'avoir restitué au travail l'estime, qui lui appartient ; et cette estime ne cessera de grandir, que du jour où la civilisation marcherait à la décadence. Mais la variété des tâches est infinie ; et le travail est partout dans le monde. Pendant qu'une partie de la nation laboure, tisse, navigue, construit, l'autre partie juge, instruit, combat, administre, gouverne. Le pays a besoin de ces deux genres de travail ; et il n'appartenait qu'à la démagogie, de flétrir du nom d'oisif quiconque ne manie pas la lime ou le rabot. Quel serait le sort du laboureur, du tisserand, du constructeur, s'il n'existait ni armée, ni magistrature, ni administration ? Le travail du soldat, du juge, du fonctionnaire, est donc utile et nécessaire, comme celui du paysan et de l'ouvrier ; car si l'un donne du blé, des vêtements, des maisons, l'autre maintient l'ordre, la sécurité, la liberté dans la nation. Le travail qui consiste à protéger ainsi le travail de tous, mérite d'être rémunéré par tous. Voilà la destination de l'impôt.

La société fait-elle grâce aux uns de cet impôt, pour en accabler d'autres, moins favorisés? Non. Tout citoyen paie l'impôt, en proportion de sa fortune et de ses facultés. Tel, par exemple, a mille francs de revenu, et paie cents francs de contributions. Tel autre possède dix mille francs de revenu; il paiera mille francs : dix fois davantage, suivant la quantité de biens protégés. L'égalité, en matière d'impôt, n'a aujourd'hui qu'un seul ennemi : c'est le socialisme. Supposez le succès de la République sociale, et demain l'impôt progressif, c'est-à-dire l'inégalité, serait la loi. Une caste nouvelle sortirait de cette révolution, faite au nom de l'égalité. « *C'est ma terre d'Albe qui me bannit* », disait un romain, du temps de Sylla : ce serait bientôt le cri de la propriété française, sous le joug des proscripteurs.

L'égalité de tous, devant l'impôt, conclut déjà en faveur de cette société, si oppressive. C'est une supériorité qu'elle a sur l'ancienne société, qui libérait, en partie, de l'impôt les classes supérieures, et sur la société rêvée par le socialisme, qui écraserait la masse de la richesse, par la domination contraire. Mais l'égalité pourrait être blessée par bien d'autres priviléges. La nation pourrait se partager en plusieurs

classes ; la loi varier, selon les divisions du territoire ; la justice et la pénalité, selon les individus ; les
emplois publics n'être accessibles que pour quelques-
uns ; l'inégalité régner dans le partage des biens.

Les vieillards de notre temps ont vu ce régime,
plus arbitraire encore que despotique, car on pouvait beaucoup plus, qu'on ne faisait; et cependant, c'est
déjà pour nous, hommes de la génération présente,
comme un souvenir des âges lointains. Il y a soixante
ans que tous les priviléges ont disparu, dans une rivalité d'offrandes et de patriotisme. C'est la même loi
qui commande à tous ; la même justice qui nous punit, et nous protège tous. Parlez aujourd'hui de servi-
tudes personnelles, de dépendances seigneuriales, de
terres roturières ; et à peine serez-vous bien compris
de la masse de la nation.

Existe-t-il encore des incapacités d'origine ou de
religion ? Le mérite sans naissance ne peut-il aspirer aux grades de l'armée, aux fonctions de la justice, aux dignités ecclésiastiques, aux emplois de
l'administration ? Le spectacle de la société répond.
Qu'on parcoure toutes les carrières, et partout, depuis un demi siècle, on y trouvera le peuple. Comme
la noblesse et la bourgeoisie, il a fourni des généraux
à nos armées, des magistrats à la justice, des prélats
à l'Église, des orateurs à nos assemblées, des hommes
d'Etat au gouvernement. La dernière révolution lui a
donné l'égalité devant la loi politique. Le peuple au-

jourd'hui, c'est donc tout le monde ; et, sauf deux inégalités, auxquelles il faut bien que l'envie se résigne, celle du mérite et celle de la richesse, je n'en connais aucune dont nos pères aient réservé le sacrifice, pour la satisfaction et pour la gloire de la démagogie.

Nous cherchons une société tyrannique ; et celle qu'on veut détruire donne à chacun de ses membres la liberté du travail et de l'industrie, la liberté de conscience, la liberté de la presse, pour ne pas dire sa licence. Cette société, si odieuse, fait payer l'impôt par tous ; n'a pour tous qu'une loi et qu'une justice ; reconnaît les mêmes droits à tous ; proscrit les classes ; ne distingue que le mérite ; appelle tout le monde à servir son pays. Sans doute, la perfection manque ici, comme partout ; des abus peuvent être signalés ; mais la réforme des abus, c'est la tâche de tous les gouvernements et de tous les jours ; on ne renverse pas une société, pour le plaisir d'en corriger simplement les imperfections. Je demande donc, en insistant, quelle serait la base de cette révolution sociale, à laquelle aspire la démagogie.

Les révolutions sociales ont eu quelquefois pour cause, la distribution vicieuse de la richesse. On a vu, dans les républiques de l'antiquité, un demi million d'esclaves travailler, pour nourrir vingt mille citoyens. Ailleurs, le pouvoir a été plus ou moins maître de la propriété. La terre, dans la plus grande partie de l'Orient, n'est le plus souvent qu'une sorte de monnaie dégradée, servant de salaire aux complaisances des favoris. Des législations barbares ont multiplié les entraves à la transmission des biens, comme à la diffusion de la richesse mobilière. Nous cherchons toujours la tyrannie ; et ici, comme partout, c'est encore un progrès qu'il faut constater. Qu'on nous dise à quelle époque et chez quel peuple, la pro-, priété et la richesse, sous toutes leurs formes, qu'elles s'appellent terre ou capital, ont été plus accessibles, et plus répandues dans la masse de la nation.

La France, autrefois couverte de grandes fortunes territoriales, compte à peine aujourd'hui deux ou trois cents familles, qui possèdent l'opulence. Le sol se divise à l'infini, et tombe peu à peu dans les mains du laboureur. Telle terre vendue, il y a cinquante ans, est aujourd'hui partagée en milliers de portions, qui vingt fois ont changé de main, toujours mieux cultivées. Les déclamations contre les riches, les injures à ce qu'on appelle les oisifs, n'infirment ni les chiffres, ni les faits. Lors du dernier recensement, la population de la France était de 35,400,402 habitants. La propriété foncière est possédée par 22,855,230. Parmi ces propriétaires, il s'en trouve 16,479,429 qui cultivent eux-mêmes leurs terres. Un très-petit nombre de ceux qui restent vit dans le repos ; tous les autres sont commerçants, industriels, exercent les professions libérales, ou remplissent les emplois publics. L'industrie offre le même phénomène. On a relevé le nombre des ouvriers que nourrit le travail des manufactures, des arts, des métiers, et du commerce ; et l'on a établi qu'il s'élève seulement à 4,412,564.

La constitution de la propriété foncière se refuse donc à une révolution sociale. Mais le socialisme crie à l'oppression du travailleur, et à la tyrannie du capital. Le propriétaire exploiterait le fermier ; le patron s'enrichirait aux dépens de l'ouvrier, le maître au préjudice du serviteur. Opposons de nouveau les faits aux déclamations.

L'agriculteur, dit-on, est la victime du possesseur du sol. Le grief serait fondé si la part du propriétaire était excessive, devenait chaque jour plus forte, à mesure que diminuerait celle du cultivateur. Heureusement, c'est le contraire qui est vrai. La rente de la terre a constamment baissé, depuis l'antiquité. L'homme resté sur le sol, et le couvrant de ses sueurs, y est devenu de plus en plus heureux. Les Romains donnaient au colon partiaire le huitième du produit dans un bon sol, le septième dans un sol ordinaire, le sixième dans un sol médiocre. Aujourd'hui, c'est la moitié, quelquefois les deux tiers, qu'on laisse au colon. La même propriété, qui rapportait en 1789, entre trois et quatre pour cent, ne rapporte guère qu'entre deux et trois pour cent. Le sort du laboureur s'est donc amélioré ; et si les campagnes souffrent ; si le prix des produits ne couvre plus les frais de culture, qu'on n'accuse ni les propriétaires, ni la société, mais les agitations de la démagogie.

La répartition des produits de l'industrie mérite-t-elle davantage les anathèmes de la République sociale? La statistique de l'industrie existe, comme celle de l'agriculture. On a comparé la part prélevée par le travail, avec celle que se réservent l'industrie et les capitaux; et voici quel est le résultat de cette comparaison. Le travail reçoit 15,95 p. 0/0 des produits bruts, tandis que le capital ne reçoit que 11,82 p. 0/0. La part du travail, sur les produits nets, est de 57,42 p. 0/0, tandis que celle du capital est seulement de 42,58 p. 0/0. C'est pour les capitaux engagés et pour l'industrie, à peine un revenu de huit pour 0/0. La plus grosse part est donc pour le travail, quoique toutes les chances de pertes soient pour le producteur.

Reste un troisième grief, la tyrannie du capital. L'argent ne se donne pas, comme le papier-monnaie; cela est certain. Le premier est le fruit du travail, le trésor amassé par l'économie; il coûte à acquérir, tandis que, pour l'autre, la planche aux assignats suffit. On ne prêtera donc que difficilement à un homme sans crédit; le capital sera plus réservé et plus timide, en temps de révolution; plus abondant et plus hardi, en temps de calme et de prospérité. Les ignorants et les factieux, crieront à la conspiration des riches, à l'émigration de l'or et des valeurs, quand la confiance seule aura disparu ; et ne feront qu'alarmer davantage tous les intérêts. Cette société, si décriée, n'en a pas moins une incontestable supériorité ; et, si elle n'a point fait la folie d'abolir, par decret, la rente du capital, du moins il faut bien reconnaitre qu'elle en a singulièrement facilité l'accès. La loi veille à ce que l'usure n'opprime pas le malheureux. L'argent, qui valait 12 et 15 pour 0/0 chez les Romains, 10 et 12 dans le moyen-âge, 6 et 7 dans le dernier siècle, ne vaut plus aujourd'hui que 3 ou 4 en temps ordinaire, 5 ou 6 en temps difficile. Le progrès ici est donc constant encore ; et si la distribution de la richesse peut servir de prétexte aux agitateurs, aucun esprit sincère et droit, aucun homme ami de son pays, n'y trouvera matière à une révolution sociale.

Poursuivons cet examen ; et tâchons de découvrir ailleurs ce vice radical, qui appelle les profondes réformes. Je ne dis rien de la législation. L'épée de Napoléon a vaincu l'Europe ; mais c'est avec ses lois qu'il l'a vraiment conquise. Les codes sont un de nos plus beaux titres à l'estime du monde. Le socialisme annonce qu'il n'en retrancherait rien, sinon le chapitre de la propriété dans le Code civil, et par conséquent celui du vol dans le Code pénal ; mais la démagogie a

de vieilles rancunes contre la justice ; et il y a paru
après février.

Dieu sait à quel chaos nous conduisaient les réformateurs. J'ai entendu conclure à la suppression de
tous les tribunaux. Pourquoi des robes noires, quand
les arbitres jugent si vîte, si bien, et à si bon compte?
M. Proudhon réprouvait toute spécialité dans les
juridictions. Nous avions les fanatiques du jury, qui
le désiraient partout : jury civil, jury correctionnel,
jury d'accusation. La moitié de la France eût été
occupée à juger l'autre. Nous avions les rétrogrades,
qui ne voulaient de jury nulle part. On nous a proposé le juge unique, le juge voyageur ; on a rêvé une
Saint-Barthélemy des siéges d'arrondissement , au
profit du chef-lieu. Le premier degré avait ses admi-
rateurs , qui supprimaient l'appel ; les égalitaires
trouvaient le mot Cour mal-sonnant, et s'acharnaient
sur les robes rouges. Tel voulait, au contraire, autant
de Cours que de départements. Un second s'ingéniait
à prouver que tout juge était excellent pour connaître
des sentences rendues par le voisin, et faisait de chaque
siége d'arrondissement un tribunal réformateur. Les
appels auraient rebondi de tribunaux en tribunaux :
aujourd'hui juge, demain jugé. Un troisième vantait
les assises civiles, et s'extasiait sur les cours ambu-
lantes. Je ne dis rien du recrutement de la magistrature. C'est un volume qu'il faudrait, pour énumérer

tous les systèmes de candidatures et d'élections.

Le pays a passé outre, et avec raison. La constitu-tion de la justice est, comme la loi civile, une des grandeurs de notre temps. Sous l'ancien régime, les tribunaux couvraient la France. L'anarchie régnait dans la compétence ; un procès se traînait devant trois, quatre, cinq juges différents. « Qui est le pauvre pay-
» san, disait Loyseau, qui, plaidant de ses brebis et
» de ses vaches, n'aime mieux les abandonner, et s'il
» se résout de plaider jusqu'au bout, y a-t-il brebis
» ni vache qui puisse tant vivre? Même que le maître
» mourra, avant que son procès soit jugé? »

Aujourd'hui nous avons spécialité de tribunaux, compétence définie, deux degrés de juridiction, et au sommet la Cour suprême, veillant à l'unité des inter-prétations. La justice s'est rendue accessible, sans se prodiguer. Quand le juge est trop près du plaideur, les procès pullulent ; et les gens de justice pullulent avec les procès ; ce fut le vice de l'ancien régime et celui de la législation de 1790. Le juge est-il placé trop loin, la justice devient coûteuse et lente ; ce fut le défaut de la loi de l'an V. La création des tribunaux d'arrondissement a résolu le problème.

Nous ne parlons point du personnel de notre ma-gistrature. Le juge n'a pas les mains nettes, dans tous les pays. Le vin muscat joue un grand rôle, dans l'administration de la justice de quelques-unes des nations de l'Europe.

> Monsieur, j'ai commandé — Taisez-vous, vous dit-on !
> Que l'on portât chez vous — Qu'on le mène en prison ?
> Certain quartaut de vin — Hé ! je n'en ai que faire...
> C'est de très-bon muscat — Redites votre affaire.

Le juge français est éclairé et n'est pas vénal ; son honnêteté est devenue proverbiale dans le monde entier, comme son indépendance. Le progrès et le bien sont donc partout ; et jamais l'homme n'a joui d'autant de liberté, n'a vu ses droits mieux garantis, une carrière aussi vaste ouverte à ses efforts, que sous l'empire de ces institutions si décriées.

I.

On s'étonnerait avec raison qu'une telle société recélât autant de souffrances qu'en accuse le socialisme ; il serait trop triste de penser que le progrès amène inévitablement la misère ; et que le travail des siècles n'eût abouti qu'à nous affliger de plus de calamités que nos pères. Grâce à Dieu, ces tableaux de douleurs exagérées ne sont encore qu'une calomnie contre l'ordre social; mais je n'en connais aucune qui soit plus perfide et plus dangereuse. C'est qu'à la déclamation vient se joindre l'utopie. On persuade au peuple qu'un bonheur sans mélange est réalisable, que le remède à tous ses maux est au pouvoir de la société. Le peuple tire la conclusion, en s'insurgeant contre cette société égoïste et barbare; il tue, se fait tuer, et n'accroît que sa misère.

La souffrance est encore dans le monde; toute créature gémit; qui le conteste? On ne m'apprendra rien, à moi, sur ces angoisses du pauvre, dont les jours s'écoulent dans un travail sans trève, jusqu'au repos de la tombe; mais je ne mesure point le mal au bruit que font les charlatans qui se présentent pour le guérir. Oui, nous souffrons trop, beaucoup trop encore; cependant notre lot est meilleur que celui de nos aïeux; et, si nous nous gardons des révolutions, nous préparerons à nos enfants une existence plus prospère que la nôtre.

Tout atteste ce progrès, dans la voie du bien-être; et peut-être frapperait-il bien davantage, si les besoins ne s'accroissaient pas toujours en raison des jouissances; si chaque amélioration n'était pas suivie d'un désir nouveau. Combien d'objets, autrefois de luxe, sont aujourd'hui regardés comme des objets de nécessité! C'est un fait dont il faut tenir compte. La société, prise en masse, s'est enrichie; cela est évident. La France de 1789 succombait sous le poids d'un budget de 500 millions. La France de 1847 en a supporté un de 1600 millions, malgré la pénurie d'une année désastreuse. Le revenu indirect s'est élevé, dans l'espace de vingt ans, de 540 millions à 720. Comment les revenus de l'Etat auraient-ils augmenté dans cette proportion, si l'aisance n'était point descendue dans la masse de la nation?

Le commerce de la France a doublé, depuis un demi siècle; son industrie a grandi, comme par enchantement. On a perfectionné le métier à tisser; substitué le laminoir au marteau, dans la métallurgie; multiplié les agents mécaniques. Grâce à ces moteurs, la production nationale s'est à la fois étendue et améliorée. Les quantités produites dans l'industrie de la houille, du fer et du coton, ont plus que quadruplé depuis l'Empire. Les dessinateurs sur coton de Mulhouse n'ont de rivaux qu'à Lyon. La patrie de Jacquard est restée la première ville du monde pour les soieries. Nos schalls, à peine connus, il y a quarante ans, luttent en finesse, avec les schalls de l'Inde, et quelquefois ils les effacent, par l'égalité du tissu et la solidité des couleurs. La filature de la laine, du coton, et récemment du lin à la mécanique, est devenue nationale. La fabrication des glaces et des cristaux s'est enrichie de procédés plus réguliers.

Nos instruments de musique et nos meubles, nos porcelaines et nos cristaux sont recherchés partout. La fabrication des papiers peints semble avoir atteint la perfection à Paris. Nos objets d'art et de luxe, nos bronzes, nos tabletteries, continuent de tenir le premier rang dans les magasins élégants de toutes les nations.

Le progrès a donc été immense, depuis un demi siècle; et je maintiens qu'il s'est traduit en accroissement de bien-être, sous toutes les formes, pour les classes laborieuses. Le paysan, dont la vie est encore si rude, est pourtant mieux logé, mieux vêtu, mieux nourri qu'il ne le fut, en aucun temps. Partout le salaire a augmenté : beaucoup ici, un peu moins là, selon les cultures; mais partout d'une certaine quotité. L'incrédule qui nie ces progrès accomplis, l'impatient qui maudit l'ordre social et rêve des sociétés irréprochables, feront bien d'ouvrir l'histoire et d'écouter les plus âgés de leurs contemporains. L'histoire des temps anciens, et celle d'hier, leur apprendront que nos campagnes d'avant février ne sauraient se comparer, même à celles de Louis XVI, de Napoléon, et encore bien moins à ces pauvres campagnes du moyen-âge, si souvent visitées par la famine et par la peste, décimées par la guerre, ruinées par les exactions.

Le sort de l'ouvrier des villes s'est aussi amélioré.

C'était le résultat nécessaire du mouvement de l'industrie. Il fallait beaucoup de bras, et par conséquent élever les salaires du travailleur. L'accroissement des produits appelait de plus vastes débouchés, comme la concurrence poussait au rabais ; et de là une diminution dans le prix des objets de consommation. Tel est, en effet, le double phénomène qui s'est manifesté. La journée a valu plus dans toutes les industries ; avant février, elle avait augmenté d'un quart, d'un tiers, quelquefois du double. Le prix du pain avait en somme peu varié ; celui de la viande un peu haussé, comme le prix des logements. La réduction sur l'achat des vêtements en coton était généralement des trois quarts ; sur celui des vêtements de laine, elle était de la moitié. Je ne suis point vieux encore ; et cependant, pour moi, l'aspect matériel de la société a déjà changé. Dans les campagnes, la tuile a remplacé le chaume et le genêt, comme la pierre s'est substituée à la terre glaise et au bois. Peu à peu tombent, au sein de nos villes assainies, ces maisons étroites, basses, sombres, manquant d'air et de soleil, avec leurs toits effrondés et moussus. Le drap, si rare autrefois dans les habillements de l'ouvrier, y est aujourd'hui plus commun. Les souliers ont cessé d'être une chaussure de luxe. Dans les temps de prospérité, quand arrive un jour de fête, cette population laborieuse, propre, bien vêtue, se répandant dans nos rues, qu'elle anime et égaie, ne se distingue presque plus des classes aisées ; elle se nourrit mieux, se loge mieux, et vit généralement plus long-temps. D'après Duvillard, la vie moyenne était, il y a moins d'un siècle, de vingt années seulement. M. Mathieu l'évalue aujourd'hui à trente-quatre ans.

Dieu me garde pourtant de nier les souffrances du travail. Comment pourrais-je, par exemple, oublier jamais celles de ce pauvre tisserand de mon pays natal, si laborieux, si sobre, que le soleil trouve et laisse courbé sur son métier, sans contentement dans le cœur ; car pour lui la vie est sombre, et il manque de ce bien-être, qu'une industrie agonisante ne peut plus hélas! lui donner, comme autrefois? Le paysan, malgré les adoucissements apportés dans sa condition, se nourrit encore trop souvent de pain noir ; dans certaines contrées, de pommes de terre et de châtaignes ; partout mange des légumes et peu de viande.

L'industrie à son tour, subit des crises fréquentes, qui troublent l'existence de l'ouvrier des villes, et quelquefois le précipitent soudainement de l'aisance dans la gêne, et bientôt dans la misère. Les excès de production, un débouché qui se ferme ; une concurrence qui s'élève ; une machine qu'on invente ; des faillites qui se déclarent ; un progrès réalisé dans la fabrication de l'étranger, mille autres causes amènent tantôt la fermeture des ateliers, c'est-à-dire le chômage pour l'ouvrier; tantôt la baisse dans les prix de vente, et forcément celle dans les salaires. A toutes ces misères, nées du mouvement de la société et du choc des intérêts, viennent s'ajouter les infirmités, les maladies, la vieillesse, ces tristes et éternelles compagnes de l'homme. Oui, le mal est dans le monde! Je ne le nie pas, moi, qui crois à l'éternel gémissement du cœur humain et aux lointaines réparations; ce que je nie, c'est que ce mal s'aggrave, et qu'il soit la faute de la société.

La société n'est pas appelée à supprimer la misère, à procurer à chacun de nous un bonheur sans nuage et sans limites; mais la bienfaisance est pour elle un devoir de justice, autant que de prudence et de charité. Heureusement pour l'humanité, si ce n'est pour notre orgueil, les vieilles générations ont laissé peu de carrière aux inventions de la fraternité moderne. Il y a des siècles qu'une rivalité touchante s'est établie, pour l'apaisement des souffrances humaines, entre la Religion, l'Etat, et le cœur de la nation. Tout ce qu'a produit et continue de produire cette émulation généreuse, en salutaires pensées, en dévouement, en miséricorde, et en bonnes œuvres religieuses ou individuelles; en institutions par l'Etat d'assistance au peuple et de prévoyance, tient du prodige, et fait tomber ces reproches de dureté et d'égoïsme, prodigués à notre siècle, avec tant d'injustice et de perfidie. La vieille société fait comme ce philosophe, devant qui l'on contestait le mouvement; aux calomnies des détracteurs qui nient ses progrès, elle répond en marchant.

C'est vraiment pour nous que le malheureux est devenu une chose sacrée : *res sacra, miser!* L'antiquité autorisait l'exposition, et excusait l'infanticide. La société actuelle veille, au contraire, toute attendrie sur l'enfant du pauvre. Au soulagement de ces misères du premier âge, elle a consacré les dépôts pour les enfants trouvés, les crèches, les salles d'asile, les colonies pénitentiaires et agricoles, les établissements pour les jeunes aveugles et les sourds-muets.

L'âge mûr, avec sa force et sa santé, réclame moins que l'enfance et la vieillesse, l'appui de la société. Mais si les déclamations de quelques désœuvrés, aspirant à vivre oisifs aux dépens du trésor de tous, ne l'ont point émue, jusqu'à la tenter de prendre à sa charge le fardeau de toutes les destinées individuelles, sa charité n'a point failli aux misères qu'elle devait et qu'elle pouvait guérir. Le droit au travail, cet engagement impossible et insensé; les banques d'échange, le papier-monnaie, les associations commanditées par l'Etat, tous ces systèmes éclos dans le délire des sectes démagogiques, l'ont trouvée sourde et dédaigneuse; cela est vrai. Elle a préféré laisser à l'homme sa responsabilité, pour lui laisser sa dignité et son mérite ; l'exposer aux chances d'une vie mélangée de biens et de maux, plutôt que d'entreprendre témérairement de lui arranger un bonheur mécanique, obtenu sans effort.

La société a fait mieux ; elle a garanti la liberté, l'égalité, l'ordre : elle a couvert la France de bureaux de bienfaisance, pour les mauvaises saisons et les années de détresse ; mesuré, dans le budget de l'Etat, les millions aux fléaux ; organisé les caisses d'épargnes, pour les économies de l'ouvrier ; les banques, pour les besoins du commerce et de l'industrie ; créé les associations de secours, les caisses de retraite ; les inscriptions au grand livre, pour les vieux serviteurs du pays ; les monts-de-piété ; les hospices ; pour l'armée, les pensions et l'Hôtel-des-Invalides ; ouvert des asiles, pour les vieillards, pour les aliénés ; établi les sociétés de maternité ; les sociétés de patronage pour les apprentis ; mille autres institutions, par lesquelles coule et se répand la bienfaisance publique, comme par autant de canaux.

La charité privée à un budget qui ne connaît pas de limites. Personne n'a compté ce qui tombe des mains de la piété, de la bonté, du repentir, et du remords, dans celles du pauvre. Dieu seul l'a vu ; et, parmi toutes les bienfaisances, celle-là qui se cache et s'oublie elle-même, est la plus charmante. L'Etat, au contraire, distributeur des richesses de tous, est condamné à en accuser l'emploi; et l'on peut préciser en chiffres les sommes annuelles, que la France consacre au soulagement des souffrances habituelles de ses populations pauvres et laborieuses.

Les documents officiels constatent l'existence de 1338 hôpitaux et hospices, dont les revenus ordinaires s'élèvent à 53,632,992 fr. 77 cent. ; de 7,599 bureaux de bienfaisance; 1 hospice des aveugles; 46 monts-de-piété; 39 institutions, consacrées à l'éducation des sourds et muets; 1 institution pour les jeunes aveugles; 144 dépôts d'enfants trouvés; 74 asiles ou maisons de santé, pour les aliénés et pour les indigents : en tout, 9,242 établissements, dont les revenus annuels s'élèvent à 115,442,232 fr. 52 cent. Les sociétés de bienfaisance sont innombrables. Le produit des droits prélevés annuellement, au profit des pauvres, sur la recette des théâtres et des bals de la ville de Paris, n'a jamais été moindre de 822,107 fr.; quelquefois il a dépassé 900,000 fr. Il a été donné aux bureaux de bienfaisance et aux hospices, de 1814 à 1835, en moyenne 3,924,151 fr. par an. Pendant l'année de disette, depuis le mois de septembre 1846 jusqu'en octobre 1847, la ville de Paris a fait distribuer plus de 9 millions de secours en bons de pain. L'année suivante, à partir du 25 juin 1848 jusqu'à la fin d'avril 1849, les pauvres de Paris ont reçu 15 millions, sans compter les 12 millions, si follement prodigués aux ateliers nationaux. Voilà comment la société répond à ceux qui calomnient sa charité, pour se donner le droit de prétendre à la direction de ses destinées. Sans doute, l'humanité n'a pas dit son dernier mot sur l'assistance du pauvre. Trop de douleurs encore demeurent inconsolées. La société actuelle, si presque rien ne lui reste à inventer, a beaucoup à étendre, beaucoup à perfectionner. La carrière est vaste; le but digne des nobles ambitions. Chercher ce mieux, le chercher toujours et ardemment, c'est la mission sainte à laquelle les cœurs sont enchaînés. Mais, pour atteindre ce but, le seul auquel nous puissions aspirer sans témérité, il n'est point nécessaire d'immoler l'ordre social; et les guerres serviles n'aboutiraient pour la société qu'à plus d'impuissance, pour le peuple qu'à plus de douleurs.

II.

Le monde pourtant retentit, à cette heure, de bien autres promesses. Pendant que la société travaille, de tout l'effort de ses fraternelles tendresses, à soulager la misère, un parti se présente, qui se vante de la supprimer. Abandonnons-lui le pouvoir, et bientôt s'ouvrira l'ère des satisfactions illimitées et du bonheur absolu. L'imagination du peuple s'allume à ces chimères et s'enivre de cette fumée. Il est temps de nous demander d'où viennent et ce que sont ces novateurs, qui veulent que la société leur livre ainsi son âme et ses destinées; qui prétendent nous donner des lois, des croyances, des dieux; de voir si le génie est à la hauteur de l'œuvre, si les moyens répondent à l'idéal, en un mot, si nous avons affaire à des hommes d'Etat, ou à des agitateurs et à des tribuns.

La République sociale n'est pas, comme autrefois le christianisme, auquel elle affecte de se comparer, une religion vivant sous le fer et la flamme des persécutions; professée par des inconnus; contrainte de cacher ses mystères, et par conséquent exposée à voir ses dogmes travestis et ses partisans calomniés. Le socialisme a eu son enseignement; ses systèmes les plus chers ont été essayés; la vie publique de ses chefs est connue; quelques-uns ont possédé plus que le gouvernement; le hasard des révolutions leur a donné la dictature. C'est donc en connaissance de cause que le pays peut se prononcer.

« Les mœurs des partis sont filles de leurs doctrines, » a dit Blanqui à la cour de Bourges. Les doctrines de la démagogie sur la religion, la famille, la propriété, sur le bien et le mal, sont imprimées dans

les livres de tous ses publicistes ; et je voudrais n'être
pas condamné à parler de ses mœurs. Mais le gouvernement sera toujours, et partout, la plus grande tâche,
celle qui veut les âmes les plus hautes ; et ce n'est
jamais une injure de mesurer l'homme à ses ambitions. Les personnalités blessantes sont au-dessous
de ma plume ; et je ne ferai qu'un simple rappro-
chement. Les socialistes de notre temps ne reculent
point devant la témérité d'un parallèle entre eux et
les premiers chrétiens. Les pères de l'église et les
auteurs païens ont retracé la vie des premiers disciples de l'Evangile. Nous possédons les mémoires de
quelques-uns des acteurs de février. Faisons nous-
même la comparaison entre les deux époques et les
deux morales.

Le christianisme était une religion d'amour et de
fraternité. « La multitude des croyants, selon le mot
de Tertullien , ne formait qu'un cœur et qu'une
âme. » Leur dévouement les uns envers les autres
frappait de surprise les païens ; et Lucien, qui profes-
sait l'athéisme parmi les Grecs dégénérés , raconte,
avec un étonnement railleur, que le législateur des
chrétiens leur a mis dans l'esprit qu'ils étaient tous
frères.

La démagogie, au contraire, a été, dans tous les
temps, le parti de la haine et de la jalousie. Ce furent ces ambitions envieuses qui souillèrent notre

première révolution, pour faire tomber plus tard, dans le même panier sanglant, la tête de Danton sur celle de Vergniaud, la tête de Robespierre sur celle d'Hébert.

La révolution de février éclate; et immédiatement la discorde s'introduit parmi les vainqueurs. Les journaux démocratiques nous donnent le spectacle des discussions injurieuses et violentes. La guerre n'est pas seulement dans la presse; elle est au cœur du gouvernement lui-même. Le Luxembourg convoite la dictature, et menace l'Hôtel-de-Ville. La Préfecture de police jalouse la Mairie de Paris. La journée du 17 mars se fait au profit de Blanqui, et échoue devant Sobrier. Blanqui tente une revanche au 16 avril, et se brise contre Barbès. Le règne de la fraternité débute par l'expulsion des ouvriers suisses, allemands, et anglais. Vient le 15 mai; Blanqui est à la tribune et touche à la dictature; Barbès s'y précipite, et Hubert renchérit sur Barbès. Raspail accuse Hubert de trahison, comme Barbès en accuse Blanqui. Les cartons de la police révèlent une foule de traîtres et de dénonciateurs. On se jalouse, on s'insulte, on se menace, on s'exècre dans les clubs.

M. Proudhon dit à M. Considérant : « La *Démocratie Pacifique* est, avec la *Phalange*, une sorte de déversoir de toutes les folles absurdités et impuretés de l'esprit humain.... Il n'y a point de théorie de Fourier ; point de science sociale d'après Fourier ; il n'y a qu'une coalition de charlatans. »

M. Considérant lui répond : « Vous n'avez vécu que de dénigrements et de morsures ; vous ne vous êtes fait un nom que par la détraction de ceux-là même dont vous exploitiez les idées. Vous n'avez rien à vous que le génie de la destruction... Ce que vous avez découvert se borne à un zéro très-gros, très-boursoufflé, plein de tapage et de venin. Vous avez tout abîmé, tout brûlé, pour vous faire un nom. Votre nom est sinistre ; vous vous appelez destruction. »

On a prodigué les sarcasmes à M. Pierre Leroux ; et M. Proudhon, châtiant tour à tour tous ses rivaux, en est à la scène d'Ulysse et du Cyclope : « Ami, je te mangerai le dernier ! » La fraternité ne va pas au tempérament de la démagogie. Ni la prison, ni le bannissement n'ont eu la force d'en resserrer les liens ; et la discorde a suivi, jusque dans leur exil, les émigrés de la République sociale.

Les premiers chrétiens ne pratiquaient pas seulement la fraternité ; ils méprisaient encore les richesses. On fuyait les dignités. La démagogie brille-t-elle par ce désintéressement ? Se refuse-t-elle aux honneurs ? Qui ne se rappelle et l'invasion de Paris par les Cosaques du placet ; et les commissaires ; et les récompenses nationales ; et les décrets qui augmentaient le salaire, en diminuant le travail ; et les ateliers nationaux, où l'oisiveté recevait une prime? Qui oubliera jamais cette création de février, ce type de la démagogie satisfaite, l'homme de la veille! et ses droits sans bornes, comme ceux du Brahmane dans les lois de Manou : « Le Brahmane est le seigneur de tout ce qui existe : tout ce que ce monde renferme est la propriété du Brahmane; c'est par la générosité du Brahmane que les autres hommes jouissent des biens de ce monde? »

La vie des premiers chrétiens était une occupation continuelle. Les mets exquis étaient bannis des tables; on y buvait peu de vin. De longues prières précédaient et suivaient ces repas modestes. Qui reconnaîtra jamais, à un pareil tableau, les banquets de la préfecture de police, décrits par le citoyen Chenu, et les convives de M. Caussidière?

Enfin, les premiers chrétiens pratiquaient la maxime : « Rendez à César ce qui est à César, » quoiqu'ils fussent persécutés par César. Aussi Tertullien pouvait-il s'écrier fièrement : « Les chrétiens sont d'une religion qui ne leur permet pas de se venger des particuliers, et à plus forte raison de se soulever contre l'autorité..... Plus il y aura de chrétiens, plus il y aura de gens de qui les empereurs n'auront rien à craindre. » Les apologistes de la République sociale pourraient-ils affirmer, comme Tertullien, que plus il y a de socialistes, moins il y a d'ennemis de l'autorité? Les journées d'avril, de mai, et de juin répondent.

Telles sont les garanties morales que présente la République sociale. Passe encore, si nous pouvions dire des démagogues, ce que Bolingbroke disait de Malborough : « C'était un si grand homme, que j'ai oublié ses vices; » mais le génie est à la hauteur du caractère. Un socialiste du Bas-Empire, Plotin, rêvait la fondation d'une République, organisée comme celle de Platon. Il sollicita de l'empereur Galien la concession d'une ville déserte de la Campanie. L'empereur eut le bon esprit de refuser. L'audace est venue avec le temps; ce n'est plus une ville déserte, c'est la société même, c'est la France, que réclament les réformateurs, pour théâtre de leurs essais. Malheureusement pour l'utopie, si ce n'est pour la société, les faits donnent déjà de cruels démentis aux systèmes; et l'on peut apprécier, par les déceptions du passé, les mécomptes que réserverait l'avenir.

L'orgueil persuade à Saint-Simon qu'il a mandat de prendre en main la direction des destinées humaines. Chaque matin, il se fait éveiller avec ces mots : « Levez-vous Monsieur le Comte, vous avez de grandes choses à faire! » L'apostolat du nouveau Messie se signale par d'étranges débuts. Il enseigne que la carrière du vice, pourvu qu'on sache la parcourir, conduit nécessairement à la vertu la plus haute. Saint-Simon donne le précepte et l'exemple. Il est joueur, libertin, débauché; pousse l'amour de la perfection jusqu'à l'orgie, devient vicieux par vertu. La misère arrive, cela devait être; mais avec la misère n'arrive pas cette grande vertu de la vie, la résignation. Saint-Simon essaie de se brûler la cervelle, et ne réussit qu'à perdre un œil. Des disciples se groupent autour de lui; et, après la mort du maître, fondent une religion rue Monsigny, puis à Ménil-Montant. On y proclame la réhabilitation de la chair, on y célèbre la femme libre, on y travaille selon sa capacité. Paris reste incrédule. C'est en vain que la religion se couronne de roses et folâtre aux harmonies de l'orchestre; la caisse se vide, misère engendre querelle, et le Saint-Simonien a vécu!

Robert Owen gagne une grande fortune, et se fait socialiste. Il traverse l'Atlantique, sur la foi d'enivrantes visions, et établit une communauté dans le district d'Indiana. A sa voix, accourent les populations charmées. C'était une tribu d'anges qu'il eût fallu; le vieux monde n'avait que des hommes à lui offrir; on travailla comme dans les ateliers nationaux; les coups pleuvaient, comme grêle, à *New-Harmony*; et Robert Owen s'embarqua pour l'Angleterre, non convaincu peut-être, mais ruiné.

Charles Fourier passe sa vie à bâtir des phalanstères sur le papier, et meurt, sans avoir pu fonder le moindre empire. Plus heureux que le maître, les disciples recueillent des capitaux, et créent une *Phalange* à Condé-sur-Vesgres. Le fondateur en est pour ses frais. Mêmes tentatives à Citeaux, en Algérie, aux États-Unis, dans le Brésil; et sous toutes les latitudes, mêmes échecs, même avortement. Les cinq parties du monde sont inclémentes au Phalanstère.

M. Proudhon, las de détruire, veut créer, à son tour. Il prend à Robert Owen l'idée d'une banque d'échange, annonce que cette entreprise n'eut jamais d'égale, et que le vieux monde peut déménager : « Je » forme, disait-il; car il faut citer textuellement; » je forme une entreprise, qui n'eut jamais d'égale, » qu'aucune n'égalera jamais. Je veux changer la » base de la société, déplacer l'axe de la civilisa- » tion; faire que le monde qui, sous l'impulsion de » la volonté divine, a tourné jusqu'ici d'Occident » en Orient, mù désormais par la volonté de l'hom- » me, tournera d'Orient en Occident (1). » Trois mois après, la *Banque du Peuple* était en liquidation.

L'atelier de Clichy, fondé par M. Louis Blanc, a

____

(1) Journal *Le Peuple*, numéro du 10 février 1849.

commencé par renier son principe fondamental,
l'égalité des salaires, et n'a pas eu pour cela plus
de succès.

M. Cabet croit que le communisme est une posi-
tion sociale; il publie le *Populaire*, l'*Icarie*, trouve
des adeptes, et les expédie, à leurs frais, dans ce
Nouveau-Monde, dont les solitudes fertiles se prê-
tent à toutes les expériences, et semblent autoriser
tous les rêves. Les lettres des colons parvenus jusqu'à cette Ithaque, qui les a fuis si long-temps,
prouvent déjà que l'essai n'a pas réussi. Nous ne
parlons pas du socialisme devenu dictature, après
février. On sait à quoi ont abouti ses promesses,
et la situation qu'il a faite au pays. Nous connaissons
les sauveurs de la société; voyons maintenant les
remèdes proposés.

III.

Lorsqu'on veut se rendre compte des doctrines
professées par les chefs de la République sociale,
ce qui frappe d'abord, c'est leur peu de nouveauté.
Tout ce qui se dit contre la société actuelle, a été dit

contre la société de tous les temps. C'est en déclamant contre les vices de la société romaine, que les Grecques appelaient le peuple aux armes, et faisaient couler des flots de sang, autour de la tribune aux harangues. Thomas Morus en Angleterre, Babœuf en France ont peint la misère des ouvriers, en termes plus amers et plus sombres que M. Louis Blanc. Lisez la *Théorie des lois civiles* de Linguet, la feuille de Marat, vous y retrouverez tous les anathèmes de nos jours contre les riches et les bourgeois. On referait tous les pamphlets de M. Considérant contre la libre concurrence, avec les œuvres de Necker.

Même servilisme pour ce que le parti démagogique appelle ses principes. L'*Icarie* de M. Cabet est toute entière dans la *République* de Platon, l'*Utopie* de Morus, la *Cité du Soleil* de Campanella, le *Code de la Nature* de Morelly. Saint-Simon a pris aux Anabaptistes de la Suisse la réhabilitation de la chair; à la secte impure des Carpocratiens l'idée de la femme libre; à Campanella le Père suprême et la hiérarchie des capacités; sa théocratie aux Hiérophantes, aux Brames et aux Mages; tout son mysticisme à Saint-Martin et à Swendenborg. La moitié des œuvres de Fourier appartient à Morelly, l'autre à Pythagore et à Mably. Tout le monde connaît les rêveries de Fourier : les mers transformées en océans de limonade; les zèbres et les couagas à l'état domestique, comme les chevaux; les troupeaux de vigognes remplaçant les moutons; les maladies supprimées; la dette anglaise payée en six mois, avec la seule ponte des poules phalanstériennes; les chevaux remplacés par les anti-lions qui vous mèneront leur cavalier, parti le matin de Calais, déjeûner à Paris, dîner à Lyon, et souper à Marseille; la lune, *cette momie Phœbé*, comme l'appelle Fourier, cassée en petits morceaux, pour faire des étoiles; les hommes grandissant jusqu'à sept pieds et vivant 144 ans, en moyenne, etc., etc. (1). Nous avons cru long-temps que Fourier seul pouvait avoir trouvé toutes ces merveilles. C'était une erreur; il les a reproduites de Campanella.

M. Louis Blanc a copié Morelly, Brissot de Warville, et vingt autres utopistes. M. Proudhon se glorifie d'être l'auteur de la maxime : « La propriété, c'est le vol! » Un des grands hommes du Luxembourg, le citoyen Gauthier, délégué des travailleurs, en revendique l'honneur (2). La maxime n'appartient ni à

(1) Voir la *Théorie des Quatre-Mouvements.*

(2) Le journal le *Père Duchêne*, dans son numéro du 4 juin 1848, contenait la lettre suivante :

« En 1833, je ne connaissais pas les ouvrages du citoyen Proudhon, et toutefois voici ce que j'écrivais dans le journal *Le Bon-Sens* ; relativement à la propriété : « La terre et ce qu'elle produit appartient à tous les hommes indistinctement. Le premier qui s'est approprié une partie de terrain, et qui l'a vendue ensuite à son semblable, fit un vol à la société. » Ainsi en 1833, et même avant cette époque, moi aussi, j'avais

l'un, ni à l'autre ; elle est de Brissot (1), comme la
négation de la légitimité de l'occupation primitive du
sol, et les attaques contre le fermage et le loyer, bases
du système de M. Proudhon. M. Considérant se proclame le père du droit au travail. Rendons à César ce
qui est à César : le droit au travail a pour inventeur
Robespierre (2). Il n'est pas jusqu'aux folies et aux
blasphèmes du socialisme, qu'il n'ait empruntés aux
âges antérieurs. La circulaire sur l'ignorance a été
précédée des sermons de Carlostadt, parcourant au
XVIe siècle les rues de Wittemberg, vêtu d'un habit
grossier, et interrogeant les femmes et les artisans sur
le sens des passages obscurs de l'Ecriture : « Car,
» disait-il, Dieu, par un décret de son éternelle sa-
» gesse, cache aux savants les mystères de la doc-
» trine, et les révèle aux ignorants. » Le brigand
communiste de la Romagne, Werner, portait au
cou une plaque, sur laquelle étaient gravés ces
mots : *Ennemi de Dieu*, quatre siècles avant que M.
Proudhon eût entrepris de le détrôner. Ce n'est donc
pas seulement du Fouriérisme, mais du socialisme

dit en d'autres termes : « La propriété, c'est le vol. » — Signé
Gauthier, délégué des travailleurs.

(1) Brissot dit dans ses *Recherches philosophiques sur le droit
de propriété et le vol* : « La propriété exclusive est un vol dans
la nature. »

(2) *Le Défenseur de la Constitution*, 4e numéro de juin 1792.

tout entier que M. Proudhon aurait dû dire, qu'il est un déversoir de toutes les folles absurdités et impuretés de l'esprit humain !

Les démagogues, ne pouvant nier cette filiation, ont pris le parti de s'en glorifier; et l'on vient même de publier un livre, portant pour titre : « Les socialistes modernes dépassés par les anciens penseurs et philosophes. » Le socialisme a des ancêtres; cela est vrai. Les uns ont enseigné, d'autres gouverné. Le socialisme communiste a été pratiqué à Sparte, et y a fondé cette société si vantée pour son humanité, ses bonnes mœurs, et ses libertés. Le même socialisme a régné en Crète. Les infamies de Sodome y étaient encouragées par la Constitution. On y égorgeait les Periœces, comme les Ilotes à Sparte. Platon était un socialiste, et l'on connaît ses opinions sur la famille.

La généalogie s'interrompt à Rome; à moins qu'on ne range dans la classe des socialistes, et Marius, et Sylla, et les Triumvirs, à raison de leur amour pour la propriété. Le socialisme essaie de se rattacher aux Thérapeutes, aux Esséniens, aux Moraves, aux moines chrétiens; mais l'histoire fait justice de cette confusion. On court au désert pour y chercher de sereines contemplations, la paix du cœur et des sens; pour apprendre à mourir. Le communisme n'est que la parodie de la vie monastique. Quel parallèle sérieux pourrait être établi jamais entre la Trappe et l'Icarie?

Je voudrais bien voir les pieux cénobites du communisme, macérant leur chair, traversant recueillis et les yeux baissés, les cloîtres silencieux ; M. Cabet, vêtu d'une robe de bure, le crâne rasé, et les reins ceints, chantant matines ! La religion n'a rien de commun avec le socialisme.

La filiation recommence à toutes ces sectes, qui ont pullulé en Europe, pendant le cours du XIe et du XIIe siècle. Le socialisme les revendique ; et l'on peut, avec M. Louis Blanc, compter parmi ses aïeux Albigeois et Vaudois, Pétrobrusiens et Henriciens, Arnoldistes et Espéroniens, Picards, Lombards, Cathares, Lollards, Turlupins. Seulement n'omettez pas d'y joindre les vrais socialistes des temps modernes, ces Anabaptistes qui, au XVIe siècle, ont enseigné et pratiqué le communisme en Suisse, en Hollande, en Allemagne.

L'histoire a recueilli les noms et enregistré, pour l'enseignement des peuples, les actes de ses grands hommes. On y voit Muncer, conduisant ses bandes armées à l'assaut des propriétés. Nicolas Stork et Thomas Münzer brûlent les châteaux et dévastent les abbayes. Georges Metzler, le cabaretier Jacques Rohrbach, Florian Geyer ensanglantent l'Alsace et les bords du Rhin. Les fanatiques de Zolicone troublent la Suisse, et sont noyés dans les torrents, par ordre du sénat de Zurich. Jean Mathias pille les églises et les couvents de Munster, jette au bûcher livres et tableaux, arquebuse de sa main quiconque le contredit. Le tailleur Jean de Leyde, son successeur, impose la polygamie, épouse dix-sept femmes, prêche l'égalité, et se fait proclamer roi ; condamne à mort une de ses femmes, lui coupe le cou de sa main, danse et fait danser autour de son cadavre. Les os de cet ancêtre du socialisme communiste se voyaient encore, il y a deux siècles, à Munster, dans une cage de fer, suspendue au clocher de la cathédrale de Saint-Lambert !

L'Angleterre et la France fournissent aussi leur contingent à cette généalogie. L'Angleterre lui donne Wiclef et ses cent mille Lollards ; les hommes les plus fougueux du parti de Cromwell, Harrisson, Hewson, Overton. La France y compte les Jacobins, les hommes de la Terreur, Hébert, Chaumette, Jacques Roux, Saint-Just, Robespierre, Babœuf, les égalitaires du Panthéon. Le socialisme a donc des ancêtres, cela est incontestable ; mais nous demandons s'il a le droit de beaucoup s'en glorifier ?

La moitié du socialisme rêve l'établissement d'une société sans famille, sans liberté, sans droit individuel, en un mot la communauté. Voilà le remède qu'elle apporte à nos souffrances. L'autre moitié propose principalement l'association, le droit au travail. Je ne crois point utile de réfuter le socialisme expropriateur et sauvage; je me borne à dire quelques mots du second, plus mitigé en apparence, et au fond non moins dangereux. Parlons d'abord de l'association.

L'association n'est pas une découverte de la République sociale. Chacun de nous a le droit de s'associer avec son voisin. Tous les cultivateurs de la Sarthe pourraient se réunir, pour cultiver les terres en commun, comme les industriels, pour exercer leurs professions. Pourquoi ces associations ne se sont-elles point formées, et ne se formeront-elles jamais? C'est que l'agriculture et toutes ces professions sont rebelles à l'association. Comprend-on, par exemple, que le cultivateur d'une ferme située près de Sablé ou de La Flèche, s'associe avec un laboureur du canton de Mamers? Comprend-on même, dans l'état de division où se trouve le sol, les paysans voisins s'associant, pour faire valoir les terres? Quels bénéfices recueilleraient les associés? Les domestiques et les journaliers paieront-ils leur part dans le bétail, dans les instruments aratoires, et dans le capital d'exploitation?

On peut en dire autant de presque toutes les industries. Prenons pour exemple notre département. Les professions y sont nombreuses, variées; et le chômage, pour les moins heureuses, ne va pas au-delà de deux mois. Parcourez la liste de ces professions, et vous remarquerez partout l'absence de grands établissements. Le travail y est isolé ; le plus souvent il est exécuté par un seul homme, quelquefois par un maître, aidé d'un petit nombre d'ouvriers. Ajoutez que, dans la plupart de ces états, le travail est accidentel, passager, variable à l'infini. Nous demandons sur quelles bases s'établirait l'association ? Deux domestiques s'associeront-ils, pour mettre leurs gages en commun ? Deux ouvriers tisserands s'associeront-ils, pour fabriquer la même pièce de toile ? Si chacun, ce qui est forcé, travaille isolément, pour partager ensuite le salaire commun, n'est-il pas bien plus juste, et bien plus simple, que chacun garde le sien ? Le même raisonnement s'applique à toutes les autres industries, où l'ouvrage ne se prête ni au travail commun, ni à des comptes réguliers.

L'association est donc inapplicable à l'agriculture et à presque toutes les professions. La considération est grave ; car il s'agit de 33 millions d'hommes au moins sur 35, pour lesquels la République sociale est obligée de confesser son impuissance. Restent deux millions environ d'ouvriers, agglomérés dans les grands centres industriels. Voyons si leur salut est dans l'association.

Deux choses sont nécessaires à une industrie : le capital et la direction. D'abord où prendra-t-on le capital? On a proposé de le former avec les économies de l'ouvrier, au moyen de retenues sur le salaire, et finalement avec le trésor de l'Etat.

Le premier moyen n'est pas sérieux. Personne n'a compté les économies de l'ouvrier; mais on peut les apprécier approximativement, par les dépôts des caisses d'épargne. Ces dépôts sont de 300 à 400 millions, dont la moitié au moins n'appartient pas aux ouvriers de l'industrie. Quadruplez la somme, si vous le voulez, pour tenir compte, en les exagérant, des économies qui ne vont pas à la caisse d'épargne; vous arriverez à un chiffre de huit millions, pour fournir le capital engagé dans toute l'industrie française. Cela est insensé.

L'ouvrier, d'ailleurs, pourrait gagner assez pour concourir ainsi au capital des entreprises, que ce serait, dans la plupart des cas, le plus téméraire et le plus ruineux des placements. La commandite n'a-t-elle pas fait assez de victimes pour qu'on essaie de lui jeter encore l'obole du pauvre et de l'ouvrier? Voici une filature qui s'élève pour occuper 300 travailleurs. Supposez qu'elle ne réussisse pas, ce qui arrivera huit fois sur dix, l'ouvrier est ruiné. Si elle réussit, c'est à peine si elle donnera 20,000 fr. de bénéfice par an. Ce sera donc, pour chacun des ouvriers, un dividende de 66 fr.; soit, pour la dépense, un supplément de 18 centimes par jour. Cela vaudrait bien la peine d'exproprier nos industries, et de risquer le petit pécule de nos ouvriers !

Reste le trésor de l'Etat. Qu'est-ce que l'Etat? C'est tout le monde. A qui profiteront les capitaux versés par l'Etat? aux ouvriers des grandes manufactures. Ainsi tous les propriétaires, tous les paysans, tous les ouvriers prendront, dans leur poche, de quoi fournir aux spéculations d'un million ou deux de travailleurs privilégiés! L'ouvrier des campagnes de la Sarthe, qui gagne 60 centimes à 1 franc, suivant les saisons; le tisserand de Mamers, de Fresnay, de Beaumont, qui gagne 1 fr. à 1 fr. 25 cent. par jour, donneront de quoi jouer à la commandite au forgeron, qui peut gagner 8 francs, au mouleur qui peut gagner jusqu'à 12 francs par jour! N'est-ce pas la plus révoltante des injustices?

Cette obole du pauvre enrichirait-elle au moins les ouvriers des manufactures? Non. L'industrie est un champ de bataille, où le succès n'appartient qu'aux intelligents et aux forts. La richesse s'y conquiert par l'ordre, l'économie, la persévérance; l'application et la prudence n'y sont pas moins indispensable que le génie de l'invention, le crédit, et la bonne renommée. Supposez maintenant un atelier dirigé par une masse d'ouvriers, excellents pour exercer leur métier, mais étrangers à toute administration, et qu'on juge à quelle inévitable ruine ils seraient condamnés. Abdique-raient-ils cette autorité, pour la confier à un d'entre eux? Mais alors à quoi bon renvoyer un maître, pour se donner un autre maître, sous un nom différent? L'égalité n'y aurait rien gagné; et la révolution n'aboutirait qu'à substituer un fonctionnaire à un patron, c'est-à-dire un pouvoir révocable, sans initiative, sans force, et sans dévouement, à l'activité et à la vigilance de l'intérêt personnel. Concluons donc, en disant que la classe laborieuse s'appauvrirait à courir les chances des spéculations. Les pertes de l'industrie sont évaluées par an à 35,490,452 fr. Le salaire vaut mieux que ces périls.

Le *Droit au travail*, cet appât présenté aux ouvriers de la France, est une autre chimère. On voudrait que tout homme, quand le travail lui manque, eût le droit de dire à l'Etat : donnez-moi du travail, et un salaire suffisant pour mes besoins. Le bon sens public a condamné ce système comme impraticable, et avec grande raison. Lorsque les temps de chômage arrivent, lorsqu'une crise éclate, l'Etat, les départements, les communes, les particuliers font tout ce qu'ils peuvent, pour adoucir, par le travail ou par l'assistance, les misères de ceux qui souffrent. C'est un devoir d'humanité; et le pays n'y a jamais failli.

Demander davantage à la société, c'est demander l'impossible. Contraindra-t-on l'Etat à exercer tous les métiers, à se faire industriel, commerçant, agriculteur? Quels travaux pourront être réclamés? Chaque ouvrier aura-t-il le droit d'exiger l'occupation qui lui est habituelle ; ou bien condamnera-t-on tous les travailleurs, sans distinction d'âge, de capacité, de sexe, et d'état, aux terrassements des ateliers nationaux? Où l'Etat prendra-t-il les capitaux nécessaires? Comment parviendra-t-il à vendre ses produits? Quel sera le sor de l'industrie privée, en présence de la concurrence des ateliers de l'Etat? Ce sont autant de questions que la démagogie ne résoudra jamais. Le droit au travail est la plus folle et la plus impraticable des inventions.

Personne n'a donc trouvé le moyen de supprimer toutes les misères. Il faudrait, pour cela, posséder le secret d'empêcher les chômages, la baisse des salaires, les crises du commerce ; commander aux éléments, à la maladie, à la vieillesse; et Dieu seul a ce pouvoir. Le mal est dans le monde. La société l'a combattu, en donnant à l'homme la liberté, l'ordre, la sécurité; et nous avons vu ce mal décliner et s'affaiblir. On ne le chassera ni par les communautés dégradantes, ni par les associations impossibles, ni par les droits menteurs, que la main des révolutions inscrirait, une fois de plus, dans la charte des anarchies. Tout s'est amélioré, tout doit s'améliorer encore. La voie est tracée. C'est un redoublement d'activité dans le travail national ; mais la paix entre les citoyens n'est pas moins nécessaire, pour y parvenir, que l'ordre dans l'Etat et la sagesse dans le gouvernement.

TROISIÈME LETTRE.

Conclusion.

Le socialisme a cessé d'être une doctrine; aujourd'hui, c'est un drapeau. C'est celui qu'agitent les anarchistes, pour entraîner les masses dans la grande croisade des appétits matériels; celui qu'ont adopté les ambitieux et les mécontents, qui rêvent des retours impossibles, et croient à la toute-puissance de leurs intentions et de leur sagesse, pour calmer les tempêtes sociales. C'est encore le drapeau des

esprits flottants, des caractères mous, des cœurs candides, qui s'imaginent travailler pour l'humanité, et
n'aperçoivent pas que ce qui se mêle de bien au mal
ne fait que servir au mal de voile et d'instrument.

La France n'aura de calme qu'en sortant de ce
chaos; qu'en séparant, comme dans la sentence de
l'Evangile, l'ivraie du bon grain. La République sociale a perdu du terrain, je le crois; mais elle n'a
point désarmé, et les trèves ne sont pas la paix.
Ouvrez les yeux sur la propagande qui se fait autour
de vous; et jugez si c'est là l'œuvre d'un parti qui
abdique. Ne croyez pas davantage que la République
sociale soit sans dangers, parce que sa durée serait
impossible. On l'a dit avec raison : rien n'est plus
dangereux que ce qui est en même temps fort et impossible. Le socialisme serait fort de toutes nos divisions, de toutes nos faiblesses, comme il l'est déjà de
toutes les souffrances qu'il promet de guérir. L'utopie
a dit au peuple : « Marche, le Paradis terrestre est
devant toi (1) » ; cette parole est tombée dans les couches profondes de la société. Il faudra du temps à une
partie de nos populations pour se désabuser; pour
comprendre que son bonheur n'est que dans l'ordre,

____

(1) Opinions littéraires, philosophiques et industrielles de
Saint-Simon. Introduction, 1824.

sa richesse que dans le travail. S'endormir dans l'optimisme, ce serait donc courir le risque de se réveiller au tocsin d'une révolution nouvelle; et il n'est pas une classe dans la société qui n'ait intérêt à la prévenir; car elle les menace et les atteindrait toutes; le pauvre comme le riche, le travail comme la propriété. C'est un océan sans limites, d'où l'on ne voit plus de terres.

Le péril est commun; que la défense soit donc commune. Le socialisme n'est pas une nouveauté dans le monde. L'Allemagne l'a connu au XVI\ :sup:`e` siècle; l'Angleterre au XVII\ :sup:`e`; il a failli étouffer la République américaine à son berceau. « Les terres des » Etats-Unis, écrivait le général Knox, à Washing- » ton, ont été sauvées des confiscations de la Grande- » Bretagne par les efforts de tous; elles doivent-être » la propriété commune de tous. Quiconque s'oppose » à cette maxime est l'ennemi de la justice, et mé- » rite d'être balayé de la face de la terre..... Il faut » annuler toutes les dettes publiques et privées, et » établir des lois agraires, ce qui se peut au moyen » d'un papier-monnaie, sans gages et à cours forcé. » Ce n'était pas dans les académies et dans les écoles que s'agitaient ces thèses brûlantes; c'était au sein des camps, au milieu des multitudes armées, qui venaient de verser leur sang pour l'indépendance. Comment se défendit l'Amérique? par le génie de

Washington et la liberté. Contre la force elle lutta par la force ; à l'anarchie des opinions elle opposa la concorde des intérêts, au matérialisme l'esprit religieux ; c'est ainsi qu'elle a fondé l'ordre dans la démocratie ; qu'elle a conquis cette admirable prospérité, qui fait son juste orgueil, et l'envie de toutes les nations de l'Europe.

La société française a besoin de moins d'efforts ; car elle est pleine de force et de vie. Son sol est couvert de millions d'hommes laborieux, qui suffisent à tous leurs devoirs, détestent l'anarchie, et ne demandent que le travail et la paix. Les vertus abondent dans les familles. A mesure que la vie politique pénètre davantage dans la nation, par la gestion des intérêts communaux, nous voyons s'élever une foule d'hommes éclairés, propres à concourir aux affaires de leur pays. La société triomphera donc ; c'est ma conviction et mon espérance ; mais à la condition que toutes les forces saines de la France resteront unies pour combattre.

Le gouvernement a sa tâche dans cette lutte. C'est à lui de tenir partout le drapeau de l'ordre social, sans témérité comme sans faiblesse. Le pouvoir représente l'ordre, la paix publique, la sécurité dans la famille, dans la propriété, dans la vie : voilà ce que nous sommes en droit de lui demander. Voilà aussi ce que nous devons lui donner les

moyens de maintenir. Que le pays et le pouvoir restent donc fortement unis, dans la liberté et le droit;
c'est le gage de la paix sociale. Ne méritons pas
qu'on dise de nous ce que Mirabeau disait d'une
autre génération : « Nous donnons un nouvel exem-
» ple de cette aveugle et mobile inconsidération,
» qui nous a conduits, d'âge en âge, à toutes les cri-
» ses qui nous ont successivement affligés. Il sem-
» ble que nos yeux ne puissent être dessillés, et
» que nous ayons résolu d'être, jusqu'à la consom-
» mation des siècles, des enfants, quelquefois mu-
» tins et toujours querelleurs. »

L'union des classes est une autre nécessité. Ni
les unes ni les autres ne gagneraient rien à vouloir
s'exclure. Les sociétés sont les filles du temps; il
faut que tous leurs éléments naturels et profonds y
trouvent et y prennent leur part légitime; que le passé
et le présent s'accoutument à vivre côte à côte dans
le gouvernement, comme dans la société civile. C'est
le besoin du moment; ce serait celui de l'avenir, quelques destinées que Dieu réserve à ce pays. L'ordre a
dû, depuis février, sa victoire à cette union; le salut
de la France est encore à ce prix.

L'énergie du gouvernement, le concours de la nation, l'union des classes, l'esprit politique, sont
indispensables pour la défense de la société; mais
n'y suffisent point. La paix sociale ne se rétablira

pas sans le concours de l'esprit religieux. Je ne cache point mes sympathies de tout temps pour le clergé. Son estime m'a toujours été douce. Elle m'a précédé dans la vie politique; je désire qu'elle m'y accompagne, et je serai heureux si elle y survit. Aujourd'hui mes sympathies s'accroissent de tous les dangers de l'avenir, et de tout le bien que j'attends de ses efforts.

On se plaint que le doute est dans les âmes et l'égoïsme dans les cœurs; on signale la rareté de ces vertus austères, qui sont l'honneur et la parure de l'humanité. La société répond à ces reproches d'abaissement par de grandes vertus pratiques; par des sympathies, toujours plus vives, pour les malheureux; mais si le culte de l'utile avait encore trop d'adorateurs, à quoi faudrait-il l'imputer, sinon à l'affaiblissement de l'esprit religieux? N'est-il pas vrai que si le christianisme était pratiqué sincèrement et complétement, dans la famille et dans la société; s'il gouvernait toutes les relations des hommes, la France cesserait d'être en proie à une partie des maux qui nous affligent? La famille serait un foyer d'affection et de dévouement; le commerce ne connaîtrait pas la fraude, la justice présiderait aux transactions; le pauvre rencontrerait partout des cœurs compatissants; l'ouvrier chercherait, dans un travail assidu, le pain du présent; et, dans la prévoyance et d'épargne, le repos de l'avenir : le repos du sage et de l'homme de bien, plein d'indépendance, de dignité et de contentement; le pouvoir serait respecté; les lois seraient obéies : en un mot, on trouverait partout le devoir, et cette belle harmonie, qui est la santé des États.

C'est vers cet idéal que la religion pousse incessamment l'homme et la société. L'Europe lui doit sa civilisation : par quel orgueil l'esprit politique croirait-il pouvoir dédaigner son concours? Disons donc avec M. Guizot, dans un écrit récent : « Que les » sociétés modernes ne craignent pas la religion, et » ne lui disputent pas aigrement son influence natu- » relle : ce serait une terreur puérile et une funeste » erreur. Vous êtes en présence d'une multitude im- » mense, ardente. Vous vous plaignez que les moyens » vous manquent pour agir sur elle, pour l'éclairer, » la diriger, la contenir, la calmer; qu'elle est livrée » sans défense aux mensonges et aux excitations des » charlatans et des démagogues, à l'aveuglement et à » l'emportement de ses propres passions.

» Vous avez partout, au milieu de cette multitude, » des hommes qui ont précisément pour mission, » pour occupation constante, de la diriger dans ses » croyances, de la consoler dans ses misères, de lui » inculquer le devoir, de lui ouvrir l'espérance, qui

» exercent sur elle cette action morale, que vous ne
» trouvez plus ailleurs. Et vous n'accepteriez pas de
» bonne grâce l'influence de ces hommes ! Vous ne
» vous empresseriez pas de les seconder dans leur
» œuvre, eux qui peuvent vous seconder si puissam-
» ment dans la vôtre, précisément là où vous péné-
» trez si peu ; et où vos ennemis , les ennemis de l'or-
» dre social entrent et sapent incessamment ! »

Les classes laborieuses ont aussi leur devoir, dans
cette lutte des forces conservatrices de la société
contre l'anarchie. Il faut que l'ouvrier se défie des
flatteurs et des utopistes. Les uns gâtent son cœur ;
les autres l'exposent à laisser la réalité, pour courir
après l'ombre. Un ouvrier, devenu plus tard un grand
homme d'État, Franklin, disait aux travailleurs :
« Si quelqu'un vous affirme que vous pouvez vous
» enrichir autrement que par le travail et l'écono-
» mie , ne l'écoutez pas : c'est un empoisonneur (1). »

(1) La démagogie tient au peuple un langage entièrement
opposé. Voici notamment ce que disait, quelques jours après
février, le journal *Le Représentant du Peuple* : « Ne venez pas
nous proposer votre vertu de l'économie ; car cette civique et
héroïque vertu des fourmis, de la bourgeoisie, de la philan-
thropie protestante et américaine, morcellerait la terre, les
hommes , et les choses ; elle abrutirait notre poétique peuple

Le grand génie politique de l'Angleterre, celui qui vient de mourir, emportant les bénédictions du pauvre, Robert Peel, leur crie, du fond de sa tombe : « L'inimitié contre les capitaux, la destruction de la » concurrence entre les individus ; la substitution des » entreprises nationales aux entreprises particuliè- » res, ne peuvent pas être avantageuses aux classes » ouvrières ; elles tendent, au contraire, à les plon- » ger dans la misère et dans la confusion (1). » Que le peuple cesse donc de servir de marche-pied à l'ambition d'obscurs tribuns !

Les attaques, que j'ai retracées, n'ébranlent ni ma foi, ni mon espérance dans les destinées de notre pays. Washington, que j'aime à citer, parce que le bon sens fut chez lui au niveau de la droiture, écri- vait, dans les plus mauvais jours qu'ait traversés la République des Etats-Unis, menacée par la démago- gie : « Je ne puis pas ne pas espérer et croire que » le bon sens du peuple prévaudra, à la fin, sur » ses préjugés.... Je ne saurais penser que la Pro-

français. Oh ! que nos institutions nouvelles ne donnent pas ce vice au peuple jeune, qui naît en ce moment à la vie sociale ! »

(1) Discours de Robert Peel à la Chambre des Communes, en 1848.

» vidence ait tant fait pour rien…. Le grand souve-
» rain de l'univers nous a conduits trop long-temps,
» et trop loin, sur la route du bonheur et de la gloire,
» pour nous abandonner au milieu (1). » La raison
de la France doit nous rassurer, à notre tour ; et
Dieu n'abandonnera pas le pays, où se rencontrent
encore le plus de bons sentiments et de vertus !

(1) Washington à Jonatham Trumbull.

FIN.